Inhalt

In der Schule

Schulsachen

1 Was packt Tim in seine Schultasche?
Lies und spure nach!

 Buch
Buch

 Heft
Heft

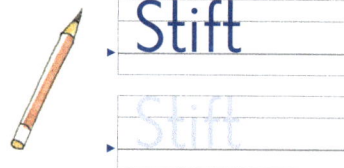 Stift
Stift

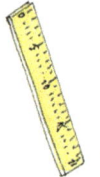 Lineal
Lineal

 Füller
Füller

 Farbkasten
Farbkasten

2 Schreibe die Wörter ab!

3 Was gehört nicht hinein? Streiche es durch!

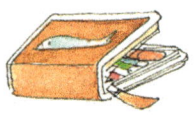 Stift • Füller • Schere • Radiergummi • Tisch

 Milch • Chips • Brot • Apfel • Käse

 Hose • Schuhe • Lineal • Socken • Shirt

 Was ist in deiner Federtasche?

Am ersten Tag

1 Was siehst du auf dem Bild? Kreuze an!

☐ Die Kinder sind wieder in der Schule.

☐ Die Lehrerin schreibt an die Tafel.

☐ Die Tür ist zu.

☐ Hund und Detektiv kommen in die Klasse.

☐ Die Sportstunde beginnt.

2 Wer sind eure neuen Freunde? Spure nach!

Hund und Detektiv lernen mit uns gemeinsam.

★ Blättere im Arbeitsheft!
Wie oft findest du Hund und Detektiv im Kapitel 1?

Namen für Menschen, Pflanzen, Tiere und Dinge

1 Was gehört zusammen? Verbinde!

Kind		Katze
Maus		Puppe
Ampel		Papa
Blume		Baum
Käfer		Gras
Auto		Oma

2 Ordne die Namenwörter (Nomen)!
Markiere den großen Anfangsbuchstaben!

Markiere so:
Kind

Menschen

Kind

Tiere

Pflanzen

Dinge

 Schreibe deine Lieblingsnamen auf!
Sortiere nach Namen für Jungen und Mädchen!

Die Begleiter

1 Ordne die Bilder richtig zu!

In der Turnhalle

1 Alle haben jetzt Sport.
Die Stunde beginnt mit einem Spiel.

2 Tom fehlt noch.
Er sucht seine Hose und das Hemd.

3 Jonas wirft Selina den Ball zu.
Sie trifft nicht den Korb, sondern das
Fenster. Nichts passiert! Der Junge bringt
den Ball, es geht weiter.

2 Trage die unterstrichenen Namenwörter (Nomen) geordnet ein!

der	die	das
Ball		

3 Verbinde die Namenwörter (Nomen)
mit dem unbestimmten Begleiter (Artikel)!

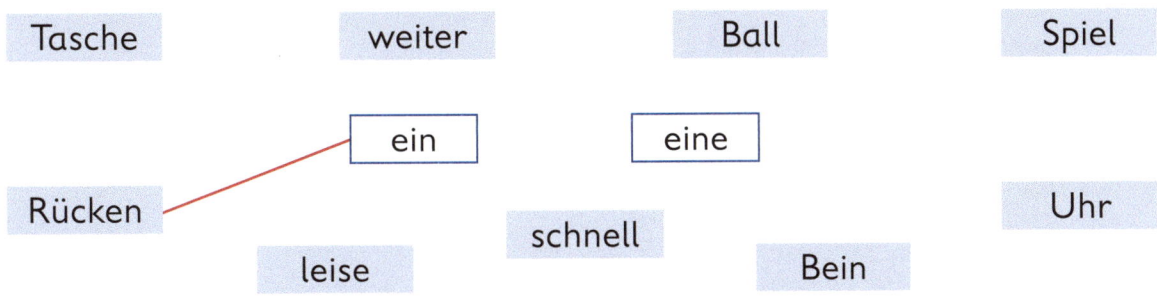

⭐ Schreibe dein Lieblingsspielzeug mit dem Begleiter (Artikel) auf!

Einzahl und Mehrzahl

1 Unterstreiche im Text alle Namenwörter (Nomen)
in der Einzahl rot und in der Mehrzahl grün!

In der Pause frühstücken die Kinder gemeinsam.
Auf dem Tisch liegen ein Brot und Brötchen.
Es gibt auch Äpfel, Birnen, Eier und Gemüse.
Die Schüler trinken Saft oder Milch.

2 Schreibe die Namenwörter (Nomen)
mit den Begleitern (Artikeln) auf!

Einzahl:
(sechs Wörter) ▸

Mehrzahl:
(sechs Wörter) ▸

3 Ergänze die Tabelle! Was verändert sich in der Mehrzahl? Unterstreiche!

	Einzahl	Mehrzahl
	die Gurke	
	der Salat	
		die Messer
	das Glas	

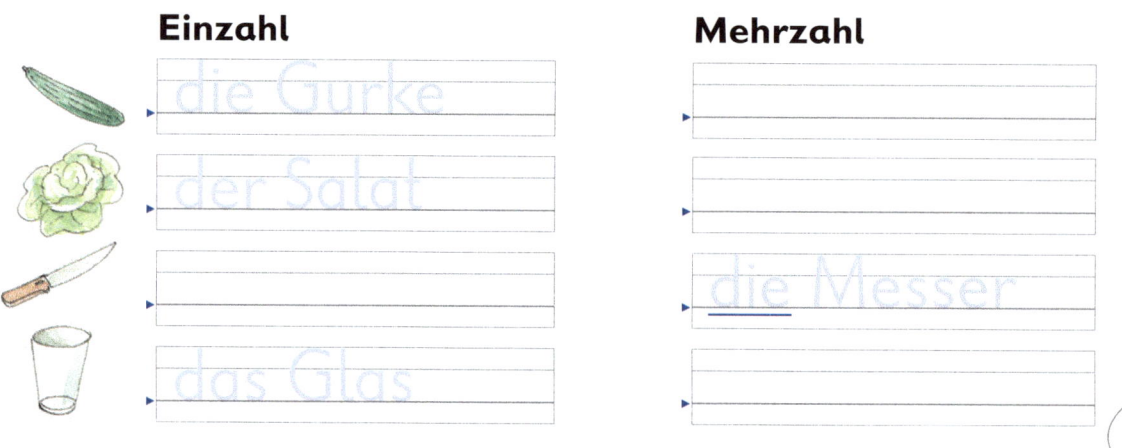

Schau
Wörterb

⭐ Schreibe Namenwörter (Nomen), die es nur in der Einzahl gibt!

Selbstlaute

1 Ergänze die fehlenden Buchstaben im Abc!
Markiere die Selbstlaute rot und die Mitlaute grün!

A a	C c	E e	G g	I i
K k	M m	O o	Q q	
S s	U u	W w	Y y	

2 Setze die fehlenden Selbstlaute ein!

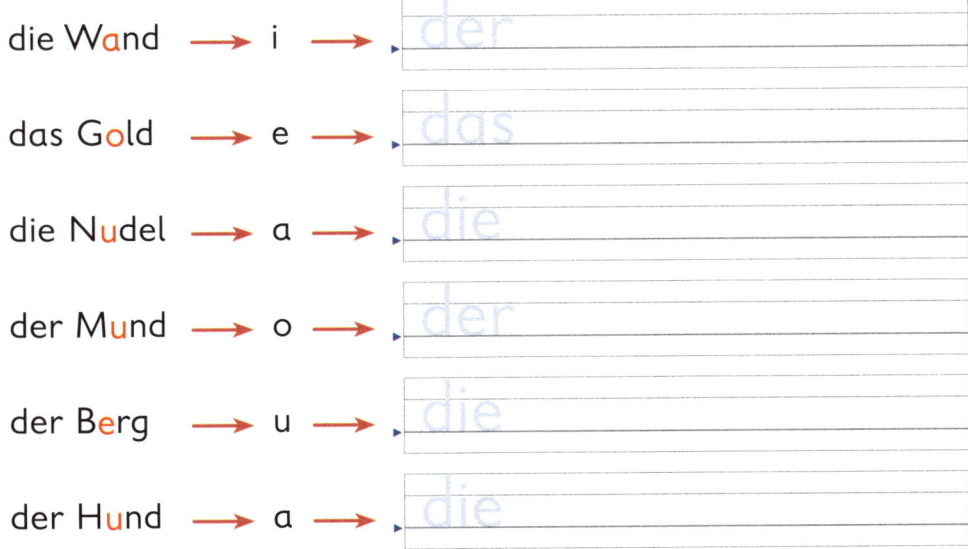

der S a ft   der V ☐ gel   der ☐ l ☐ f ☐ nt

das H ☐ ft   die Pfl ☐ nz ☐   der C ☐ mp ☐ t ☐ r

die ☐ hr   das K ☐ nd   der St ☐ ft

3 Verändere den Selbstlaut! Bilde neue Wörter!

die Wand ⟶ i ⟶ der

das Gold ⟶ e ⟶ das

die Nudel ⟶ a ⟶ die

der Mund ⟶ o ⟶ der

der Berg ⟶ u ⟶ die

der Hund ⟶ a ⟶ die

★ Sammle Wörter mit zwei gleichen Selbstlauten!

der Anfang, ...

Umlaute und Zwielaute

1 Setze **ä**, **ö** oder **ü** richtig ein! Schreibe dann die Wörter ab!

h ö ren   R [ ] cken   z [ ] hlen

▸ _____   ▸ _____   ▸ _____

M [ ] dchen   bl [ ] hen   K [ ] rper

▸ _____   ▸ _____   ▸ _____

2 Was musst du schreiben?   au   eu   ei

das Kl [ ] d   die R [ ] pe   die [ ] le   das [ ] to

der [ ] ro   das [ ] ge   das B [ ] n   die Fr [ ] nde

3 Wo hörst du Zwielaute und wo hörst du Umlaute?
Schreibe sie geordnet mit dem Begleiter (Artikel) auf!

Wörter mit Zwielauten:
(fünf Wörter)
▸ _____

_____

Wörter mit Umlauten:
(vier Wörter)
▸ _____

_____

⭐ Sammle Wörter mit **au**, **eu** und **ei**!

Silben

1 Im Silbenrätsel haben sich Namenwörter (Nomen) versteckt.
Finde sie!

Krei	Ra	al	Bunt	ne	dier
stif	Li	ber	de	Ta	re
Sche	te	gum	Kle	mi	fel

2 Schreibe die Wörter von Aufgabe 1 geordnet
nach der Silbenanzahl auf! Setze Silbenbögen!

zwei Silben:
(vier Wörter) ▸ Kreide

▸

drei Silben:
(zwei Wörter) ▸

vier Silben:
(ein Wort) ▸

3 Alle Lösungswörter haben vier Silben. Setze sie richtig zusammen!
Schreibe die Wörter mit Begleiter (Artikel) auf!

DER – TA – SCHE – FE ▸ die Federtasche

WÜR – RE – MER – GEN ▸

DE – KO – LA – SCHO ▸

FEL – KREI – DE – TA ▸

STEI – HOLZ – BAU – NE ▸

⭐ Gestalte ein Silbenrätsel für deine Mitschüler!

Im Herbst

Wie etwas ist

1 Schreibe unter jedes Bild zwei passende Eigenschaftswörter (Adjektive)!

saftig • schwarz • weiß • braun • süß •
dunkel • rund • eckig • lila • rosa • grün

▶ grün

▶

▶

▶

▶

▶

2 Schreibe zu jedem Bild aus Aufgabe 1 einen Satz!

Der Apfel ist ▶ grün und ▶

▶

▶

3 Markiere Gegensätze mit der gleichen Farbe!

groß	rund	dick	hell	leicht	hart
sauer	weich	heiß	dünn	eckig	schwarz
weiß	dunkel	süß	klein	schwer	kalt

 Schreibe so viele Farben auf, wie du kennst!

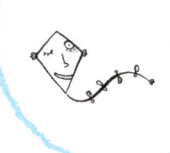

Eigenschaftswörter

1 Schreibe Sätze und Wortgruppen!

| Apfel | gelb | | Blatt | bunt | | Drachen | rot |

| Baum | groß | | Wind | stark | | Gras | nass |

▸ Der Apfel ist gelb.   ▸ der gelbe Apfel

▸ _____   ▸ _____

▸ _____   ▸ _____

▸ _____   ▸ _____

▸ _____   ▸ _____

2 Was verändert sich bei den Eigenschaftswörtern (Adjektiven)? Unterstreiche!

3 Setze die Eigenschaftswörter (Adjektive) in der richtigen Form ein!

> frisch • bunt • kalt • riesig • schnell • frei • lustig

Heute weht ein ▸_____ Wind. Die ▸_____ Blätter

wirbeln durch die ▸_____ Luft. Die Kinder freuen sich ▸_____

und laufen ▸_____ auf das ▸_____ Feld.

Dort lassen sie ihre ▸_____ Drachen steigen.

⭐ Welche Farben hat der Herbst? Schreibe einen kleinen Text dazu!

Fragen und Antworten

1 Verbinde die passenden Satzteile!

Die Bäume	schläft	Würmer und Schnecken.
Störche	frisst	ihre Blätter.
Das Eichhörnchen	verlieren	in warme Länder.
Der Igel	fliegen	im Kobel.

2 Suche zwei Sätze aus! Schreibe sie auf!

▸

▸

▸

3 Wie müssen die Fragen heißen? Schreibe auch die Antwort darunter!

frisst – der Igel – was ▸

▸

▸

wer – in warme Länder – fliegt ▸

▸

▸

 Was weißt du über den Storch? Sammle Fragen und Antworten!

Das Eichhörnchen

1 Lies und setze die richtigen Satzzeichen!

Was fressen Eichhörnchen

Seine Feinde sind Greifvögel und Marder

Sie fressen Eicheln, Nüsse und Samen von Zapfen

Das Nest heißt Kobel   Woran erkennt man sie

Eichhörnchen leben in Parks und Wäldern

Wo leben sie

Sie haben ein rotbraunes Fell und buschige Ohren

Wer sind die Feinde des Eichhörnchens

Wie heißt das Nest

2 Markiere die passenden Fragen und Antworten in der gleichen Farbe!

3 Schreibe zwei Fragen aus Aufgabe 1 und die passenden Antworten auf!

> Denke an das Satzzeichen am Ende!

▶ _____

▶ _____

▶ _____

▶ _____

▶ _____

▶ _____

 Schreibe einen kleinen Text über das Eichhörnchen!

Das Abc

1 Ergänze die fehlenden Buchstaben!

C					N			A		

T		W			J					Z

2 Welche Buchstaben stehen auf den Blättern?
Ordne sie nach dem Abc und schreibe sie auf!

3 Ordne die Wortkarten nach dem Abc!
Schreibe die Namenwörter (Nomen)
mit dem Begleiter (Artikel) auf!

REGAL DACH BUCH MELONE HEFT SONNE KIND ESEL

            1

1 _____ 5 _____

2 _____ 6 _____

3 _____ 7 _____

4 _____ 8 _____

 Suche Abc-Sprüche!

A B C D E F G H I J K L M N O P Q R S T U V W X Y Z

Wörter ordnen

1 Sortiere Namenwörter (Nomen)
und Eigenschaftswörter (Adjektive)!
Schreibe sie nach dem Abc geordnet auf!

| Herbst • bunt • grün • Baum • rot • Igel • Apfel • klein |

 ▸ Apfel,

 ▸ bunt,

2 Ordne die Wörter nach dem Abc!
Schreibe die Sätze richtig auf!

fliegen – **B**lätter – **W**ind – **i**m

▸

weit – **A**nnas – **f**liegt – **D**rachen

▸

 3 Schreibe vier Namenwörter (Nomen) auf!
Das Bild hilft dir dabei. Ordne sie dann nach dem Abc!

| **Wörter zum Bild** | **nach dem Abc** |

▸ Finde solche Sätze wie in Aufgabe 2!

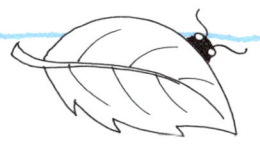

Bist du fit?

Drachenfest

Seit einigen Wochen sind wir wieder in der Schule.

Alle haben lustige, bunte Drachen gebaut.

Heute ist unser großes Drachenfest.

Die Kinder und ihre Gäste treffen sich auf dem freien Feld.

Dort sollen die Drachen im frischen Wind steigen.

1 Unterstreiche im Text alle Namenwörter (Nomen) blau und alle Eigenschaftswörter (Adjektive) grün!

2 Ordne die Namenwörter (Nomen) nach dem Abc! Schreibe sie dann mit dem Begleiter (Artikel) auf!

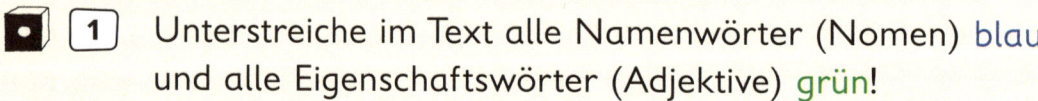

Vogel   Schule   Drachen   Kind   Gras   Feld   Wind

3 Schreibe die Namenwörter (Nomen) in der Einzahl und Mehrzahl mit dem Begleiter (Artikel)! Unterstreiche, was sich verändert!

4 Ergänze die Sätze! Achte auf die Satzzeichen! Schreibe dann weiter!

der Drachen • lang • blauer Himmel

Alle Drachen fliegen am

Warum fliegt   von Felix nicht

Seine   Schnur hat sich verknotet   Was kann er tun

5 Bilde Wortgruppen oder Sätze! Markiere die Zwielaute!

reif   Pflaume

heiß   Feuer

gelb   Birne

süß   Weintrauben

6 Was weißt du über den Apfel? Schreibe Sätze!
Die Wörter können dir dabei helfen.

glatt   grün
rund   Frucht
schmecken   Apfel   süß
gelb   können
rot   sauer   geben   hängen
Baum   Schale   saftig

Miteinander leben

Was wir tun

1 Was kann die Familie gemeinsam tun? Schreibe auf!

lesen   laufen   spielen   essen   einkaufen

Die Familie kann gemeinsam _____ , _____ ,

_____ , _____ und _____ .

2 In jedem Geschenk stecken zwei Tätigkeitswörter (Verben).
Streiche die Wörter durch, die keine Tätigkeiten bezeichnen!

SPIELEN
LUSTIG
TRINKEN
LIMONADE

TISCH
SINGEN
FRÖHLICH
SUCHEN

KAUFEN
KUCHEN
LECKER
ESSEN

3 Lies die Tätigkeitswörter (Verben) genau!
Ordne sie in der Tabelle!

spielen • fressen • einkaufen
rechnen • lesen • schlafen
wachsen • saufen

Menschen und Tiere können …	Menschen können …	Tiere können …

 Was machst du gern? Schreibe einige Tätigkeitswörter (Verben) auf!
Finde heraus, wie diese in anderen Sprachen heißen!

Kindergeburtstag feiern

1 Immer eine Grundform (Nennform) und eine gebeugte Form (Personalform) gehören zusammen. Verbinde!

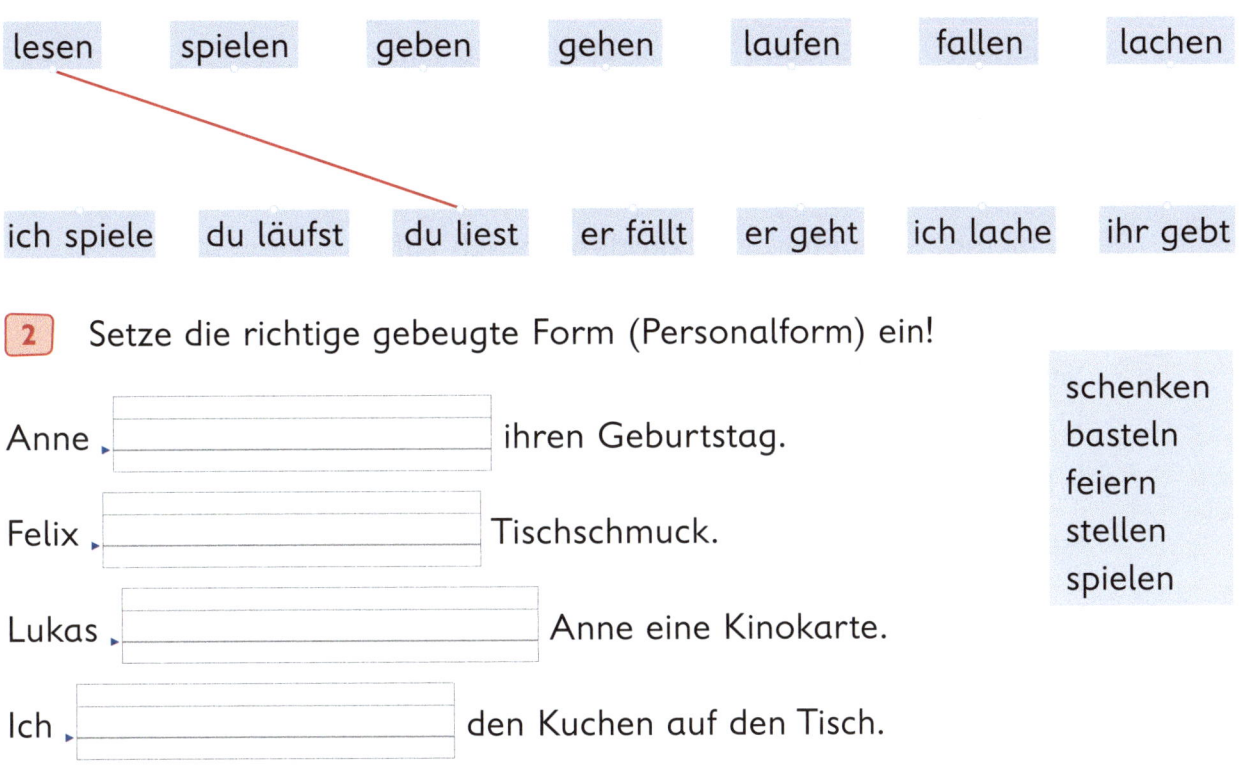

lesen   spielen   geben   gehen   laufen   fallen   lachen

ich spiele   du läufst   du liest   er fällt   er geht   ich lache   ihr gebt

2 Setze die richtige gebeugte Form (Personalform) ein!

schenken
basteln
feiern
stellen
spielen

Anne _____ ihren Geburtstag.

Felix _____ Tischschmuck.

Lukas _____ Anne eine Kinokarte.

Ich _____ den Kuchen auf den Tisch.

Alle _____ Schatzsuche.

3 Schreibe Annes Merkzettel richtig auf!
Unterstreiche die Verben (Tätigkeitswörter)!

Gäste backen
Luftballons decken
Tisch ausdenken
Spiele aufblasen
Kuchen einladen

⭐ Was möchtest du zu deinem Geburtstag spielen? Schreibe eine Liste!

Wortstamm und Endung

1 Immer vier Tätigkeitswörter (Verben) haben den gleichen Wortstamm.
Markiere sie mit verschiedenen Farben!

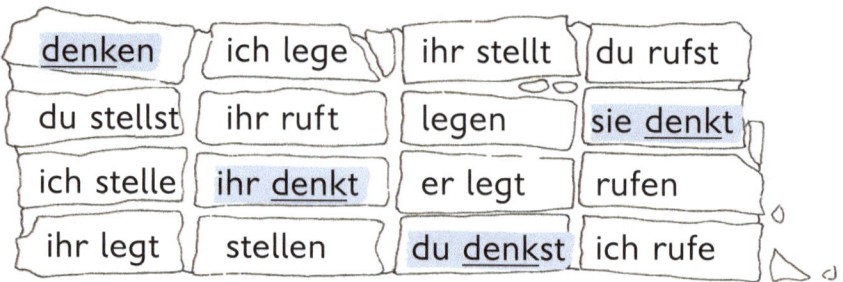

denken	ich lege	ihr stellt	du rufst
du stellst	ihr ruft	legen	sie denkt
ich stelle	ihr denkt	er legt	rufen
ihr legt	stellen	du denkst	ich rufe

2 Schreibe alle Formen auf!
Unterstreiche Wortstamm
und Endung verschieden!

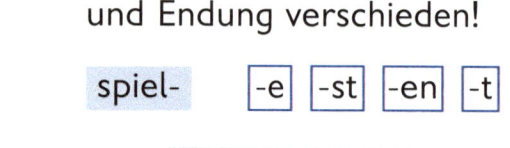

spiel-   -e   -st   -en   -t

ich _____   du _____   er _____

wir _____   ihr _____   sie (alle) _____

3 Setze die richtige Form von **spielen** ein! Markiere den Wortstamm!

Felix _____ mit seinem Hund im Garten. Selina und Julia

_____ Verstecken. „Warum _____ du nicht mit?",

fragt Selina. „Ich _____ lieber mit Bello", meint Felix.

Vater fragt: „Warum _____ ihr nicht gemeinsam?"

„Los, jetzt _____ wir alle!", ruft Julia.

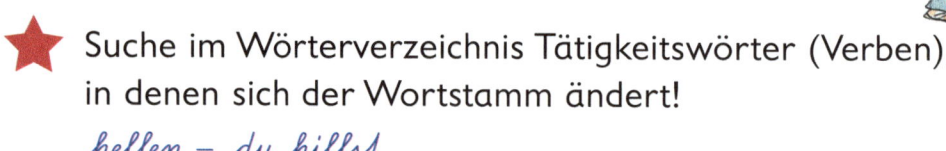

⭐ Suche im Wörterverzeichnis Tätigkeitswörter (Verben),
in denen sich der Wortstamm ändert!

helfen – du hilfst, …

Wörter mit V/v

1 Wie klingt **V** in den Wörtern? Verbinde!

viele   Klavier   Verb   vor   Verkehr   Detektiv

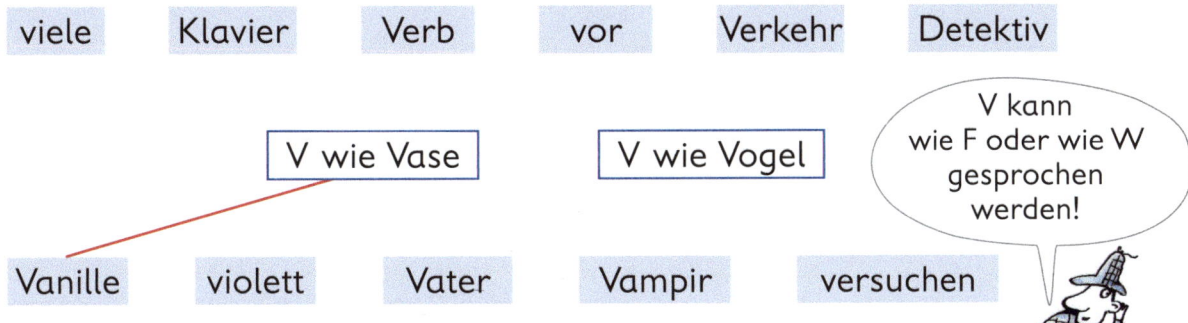

| V wie Vase | | V wie Vogel |

> V kann wie F oder wie W gesprochen werden!

Vanille   violett   Vater   Vampir   versuchen

2 Kannst du die Geheimschrift lesen?
Schreibe die Wörter darunter!

A	B	C	E	G	H	I	K	L	M	N	O	R	S	T	U	V
1	2	3	4	5	6	7	8	9	10	11	12	13	14	15	16	17

17 – 1 – 15 – 4 – 13

17 – 4 – 13 – 14 – 16 – 3 – 6 – 4 – 11

17 – 4 – 13 – 8 – 4 – 6 – 13

17 – 7 – 4 – 13

11 – 12 – 17 – 4 – 10 – 2 – 4 – 13

17 – 12 – 5 – 4 – 9

3 Setze die richtigen Wörter ein!

Der _____ spielt mit uns Fußball.

Am Morgen zwitschern die _____ vor meinem Fenster.

Die Ampel regelt den _____.

In der _____ stehen _____ Blumen.

| vier |
| Vögel |
| Vater |
| Vase |
| Verkehr |

 ⭐ Erfinde Geheimschriften für **V**-Wörter!

Ähnlich klingende Mitlaute

Anlaut B oder P?
T oder D?
G oder K?

1 Sprich die Wörter deutlich! Achte dabei auf den Anlaut!
Schreibe die Namenwörter (Nomen) auf!

Telefon

2 Markiere die passenden Silben!
Schreibe die Tätigkeitswörter (Verben) geordnet auf!

ge	grü	kön	kau	ge	kom
fen	nen	hen	ben	men	ßen

g ▶ geben

k ▶

3 Unterstreiche die Fehler! Schreibe den Satz richtig auf!

Die Ginder drinken aus dem Klas.

Das Wörterbuch hilft dir dabei.

 Schreibe deine Lieblingswörter mit **B/b** und **P/p**
oder **D/d** und **T/t** am Wortanfang auf!

○ Wörter mit B/b, P/p, D/d, T/t, G/g, K/k am Wortanfang   **SF** S.41

Wörter verlängern

g oder k? b oder p?
der Zug – die Züge!

1 Verlängere die Wörter! Ergänze dann den fehlenden Buchstaben!

der Ber▢   der Zwer▢   das Sie▢   der Zu▢   der Kor▢   die Bur▢

2 Finde Reimwörter!

     ihr gebt – geben      er siebt – sieben

_____   _____

     er liegt – liegen   er sagt – sagen

_____   _____

3 **b** oder **g**? Ergänze die Lücken! Trage die Wörter in den Text ein!

We▢ • Bur▢ • lie▢t • Ber▢ • gi▢t • Kor▢
blei▢en • zei▢t • Fra▢en • schrei▢t • Ta▢

Die Kinder wandern den _____ entlang zur _____.

Diese _____ auf einem _____. Zur Begrüßung

_____ es Äpfel aus einem _____. Danach _____

alle im Burghof. Der Burgherr _____ viele alte Dinge und

beantwortet die _____ der Kinder. Wieder zu Hause

_____ Selina in ihr Tagebuch: „Das war ein schöner _____."

 Die b oder **Die p**? Formuliere einen Rechtschreibtipp!

Märchenzeit

Märchen erraten

1 Was gehört zusammen? Verbinde!

Schneewittchen

Der Wolf und die sieben Geißlein

Rumpelstilzchen

Rotkäppchen

Aschenputtel

Frau Holle

2 Setze die richtigen Satzzeichen!
Schreibe den Namen des Märchens auf!

Was gibst du mir, wenn ich
das Stroh zu Gold spinne

Spieglein, Spieglein an
der Wand, wer ist die Schönste
im ganzen Land

Da kamen zwei
weiße Täubchen herein

Kikeriki, unsere goldene
Jungfrau ist wieder hie

Die alte Großmutter wohnte
draußen im Wald

⭐ Welche Märchensprüche kennst du? Schreibe auf!

Liebe Lehrerinnen und Lehrer,

die bundesweiten Vergleichsarbeiten (VERA) zur Lernstandserhebung sind in der Grundschule mittlerweile zu einem festen Bestandteil geworden. Sie werden jährlich gegen Ende der dritten Klasse durchgeführt und sollen das Erreichen der Bildungsstandards überprüfen sowie Hinweise zur Verbesserung der Lernleistungen und für die Weiterentwicklung des Unterrichts geben. Dazu gehört auch die Verbesserung der Diagnosegenauigkeit.

Sich über einen längeren Zeitraum auf Aufgaben zu konzentrieren, ist für viele Schülerinnen und Schüler ungewohnt und anstrengend. Das gilt auch für die Erfahrung, unter Zeitdruck zahlreiche, zum Teil noch unbekannte Aufgabenformate ohne Hilfsmittel bearbeiten zu müssen.

Mit den vorliegenden Lernstandserhebungen möchten wir Ihre Schülerinnen und Schüler und Sie selbst unterstützen:

- Den Schülerinnen und Schülern sollen die Lernstandserhebungen helfen, sich mit sorgfältig ausgewählten Aufgaben, wie sie auch in den Vergleichsarbeiten verwendet werden, **auf die ungewohnte Testsituation vorzubereiten**. Möglicherweise vorhandene Ängste können so abgebaut und es kann Sicherheit gegenüber der zukünftigen Testsituation gewonnen werden.

- Bei Ihrer **täglichen förderdiagnostischen Arbeit** sollen die Lernstandserhebungen Sie unterstützen und dabei helfen, aktuelle Lernstände und vorhandene Kompetenzen Ihrer Schülerinnen und Schüler in den verschiedenen inhaltlichen Bereichen einzuschätzen und den individuellen förderdiagnostischen Bedarf zu ermitteln.

Die Aufgaben sind an den KMK Bildungsstandards sowie den Lehr- und Bildungsplänen der Bundesländer orientiert und fokussieren die dort beschriebenen Lernziele und zu erreichenden Kompetenzen.

Im **Auswertungsbogen** werden neben den **Aufgabenlösungen** das jeweilige **Niveau** der Aufgabe sowie die jeweils fokussierten **Fähigkeiten, Fertigkeiten und Kenntnisse** beschrieben, die zur Aufgabenbewältigung im Wesentlichen benötigt werden.

In Anlehnung an die drei in den KMK Bildungsstandards angeführten Anforderungsbereiche „Wiedergeben", „Zusammenhänge herstellen" sowie „Reflektieren und beurteilen" (vgl. Bildungsstandards im Fach Deutsch für den Primarbereich, Beschluss vom 15. 10. 2004, S. 17) und die VERA-Fähigkeitsniveaus 1–3 (vgl. VERA, Hinweise zur Weiterarbeit, Erläuterungen zu den Deutschaufgaben 2009, S. 2) sind den Aufgaben der vorliegenden Lernstandserhebungen drei Niveaustufen zugeordnet, die entsprechend *grundlegende, erweiterte* und *fortgeschrittene* Fähigkeiten erfordern.

Niveau 1: „Wiedergeben" → erfordert grundlegende Fähigkeiten

Das Lösen der Aufgabe erfordert die Wiedergabe bekannter Informationen und die Anwendung grundlegender Verfahren und Routinen.

Niveau 2: „Zusammenhänge herstellen" → erfordert erweiterte Fähigkeiten

Das Lösen der Aufgabe erfordert das Erkennen von Zusammenhängen, das Verknüpfen von Informationen sowie das Anwenden erworbenen Wissens und bekannter Methoden.

Niveau 3: „Verallgemeinern, reflektieren und beurteilen" → erfordert fortgeschrittene Fähigkeiten

Das Lösen der Aufgabe erfordert den Umgang auch mit neuen Sachverhalten und das Entwickeln eigenständiger Beurteilungs- und Lösungsansätze.

Der Auswertungsbogen der Lernstandserhebungen bietet darüber hinaus Platz für Ihre **Beobachtungen und Notizen** zur Einschätzung des jeweiligen Lernstandes des Kindes im Rahmen Ihrer förderdiagnostischen Arbeit.

Den Schülerinnen und Schülern ermöglicht ein einfaches Smiley-System auf den Testseiten die **Selbsteinschätzung** und schafft so eine Basis zur Reflexion des eigenen Lernstandes. Gemeinsam mit dem Kind können anschließend die Ergebnisse aus der Selbsteinschätzung und Ihre Einschätzungen aus dem Auswertungsbogen in einem förderdiagnostischen Gespräch zu einem Gesamtbild zusammengefügt und Lernziele sowie nächste Lernschritte vereinbart werden. Dabei kann es im Sinne einer dialogisch orientierten Förderdiagnostik sehr aufschlussreich sein, nach Lösungswegen und Erklärungen bei falsch gelösten Aufgaben zu fragen, um Einblicke in die Denkwege Ihrer Schülerinnen und Schüler bei der Lösung einer Aufgabe zu bekommen.

Die Lernstandsseiten erheben nicht den Anspruch, eine kontinuierliche Beobachtung und Dokumentation des Lernverlaufs sowie förderdiagnostische Maßnahmen zu ersetzen. Sie können aber einen wichtigen Beitrag zu Ihrer alltäglichen förderdiagnostischen Arbeit leisten.

Ihr Cornelsen Verlag

Erarbeitet von:	Rüdiger-Philipp Rackwitz
Redaktion:	Birgit Waberski
Illustrationen:	Gabriele Heinisch
Layout und technische Umsetzung:	Birgit Riemelt, Panketal

Liebe Schülerin, lieber Schüler,

mit diesen Aufgaben kannst du herausfinden, was du schon gut kannst und was du noch üben solltest.

Bearbeite die Aufgabenblätter so:
1. Schreibe deinen Namen und das Datum oben auf jedes Blatt.
2. Lies dir die Aufgabe in Ruhe durch.
3. Bearbeite die Aufgabe.
4. Wenn du bei einer Aufgabe nicht weiterkommst,
   mache bei der nächsten weiter und versuche es später noch einmal.
   Du kannst auch jemanden um Hilfe fragen.
5. Wenn du eine Aufgabe bearbeitet hast, kreuze an,
   wie leicht oder wie schwierig du sie findest:

   Diese Aufgabe
   ☺ kann ich gut lösen
   ☺ kann ich nur zum Teil lösen
   ☹ kann ich gar nicht lösen

Es gibt verschiedene Aufgabenarten:
Bei manchen Aufgaben sollst du die richtige Antwort ankreuzen.
Beispiel: Was hängt in der Schule? Kreuze an.

   ☐ Waffel   ☒ Tafel   ☐ Tante

Meistens ist nur eine Antwort richtig. Wenn mehrere Antworten richtig sind,
steht in der Aufgabe „Kreuze **alle** richtigen Antworten an."

Bei manchen Aufgaben sollst du etwas in einem Text **unterstreichen**
oder ein falsches Wort **durchstreichen**.

Beispiele: Wort   ~~Wort~~

Bei manchen Aufgaben sollst du die Antwort **aufschreiben**.
Bei Aufgaben mit einer kurzen Schreiblinie reicht es, ein oder zwei Wörter
aufzuschreiben. Bei längeren Linien solltest du einen oder mehrere Sätze
schreiben.

Viel Spaß und viel Erfolg!

Name: Datum:

1 Schreibe das ABC vollständig auf.

A B C D E F G H

2 Kreise alle Selbstlaute ein.

R Z A
T E D H
L I K O
S U M

☺ 😐 ☹ **3** Welches Wort ist ein Nomen? Kreuze an.

☐ schön   ☐ fliegen   ☐ Tasche   ☐ regnen

☺ 😐 ☹ **4** Welches Wort ist ein Verb? Kreuze an.

☐ Haus   ☐ offen   ☐ hören   ☐ wolkig

☺ 😐 ☹ **5** Welches Wort ist ein Adjektiv? Kreuze an.

☐ schwer   ☐ liegen   ☐ schreiben   ☐ lachen

☺ kann ich gut lösen   😐 kann ich nur zum Teil lösen   ☹ kann ich gar nicht lösen

Name: Datum:

6 In jedem Kasten passt ein Wort nicht zu den anderen.
Streiche das falsche Wort in jedem Kasten durch.

😊 😐 ☹️

| gehen | stehen | rennen | spazieren | wandern | laufen |

| rufen | schreien | schreiben | flüstern | sagen | tuscheln |

| stehlen | klauen | wegnehmen | bauen | rauben | erbeuten |

7 Schreibe das passende Verb zu den Nomen.

😊 😐 ☹️

der Arbeiter –

die Bremse –

der Bagger –

das Bad –

8 In der Wörter-Schlange haben sich drei Nomen versteckt.
Kreise sie ein.

😊 😐 ☹️

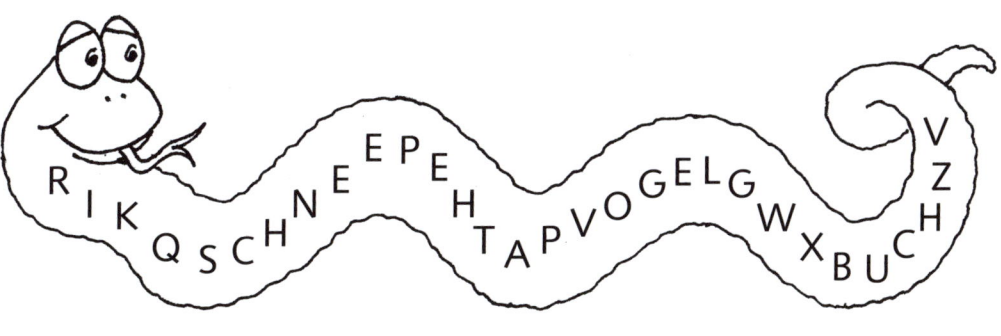

Name: Datum:

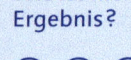
9 Schreibe das Gegenteil auf.

schwer – _____

gut – _____

links – _____

hell – _____

laut – _____

10 Setze den richtigen Artikel ein.

_____ Weg   _____ Bild   _____ Hose

_____ Brücke   _____ Schiff   _____ Baum

11 Setze nach jedem Satz einen Punkt.

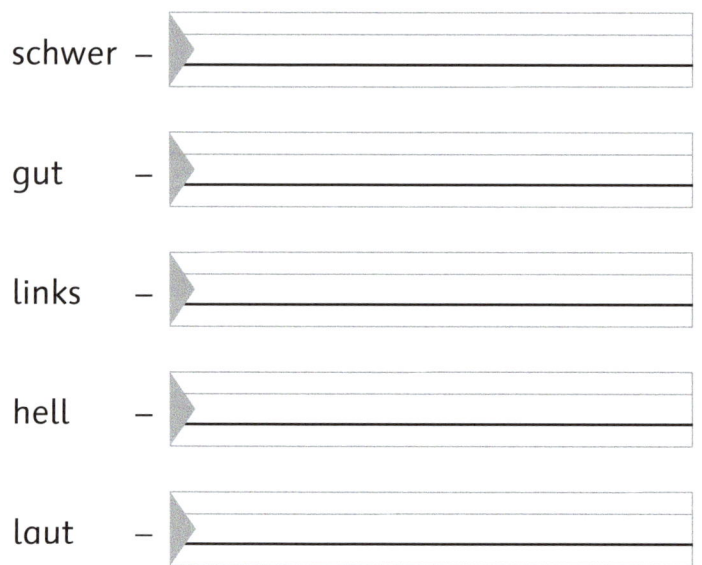

Es ist Herbst Ein kalter Wind fegt über
Wiesen und Felder Anja und Tim
lassen ihre Drachen steigen Sie haben
schon Handschuhe an und Mützen auf
Bald fällt der erste Schnee

Gut gemacht! Jetzt hast du alles geschafft!

Name: **Datum:**

Wie ist mein Ergebnis?

1   Ordne die Wörter nach dem ABC und schreibe sie in der richtigen Reihenfolge auf.

| Tiger | Ameise | Nilpferd | Zebra | Bär | Löwe | Hund | Pinguin |

▶ *Ameise,* _____

▶ _____

▶ _____

2   Aus welchen Wörtern sind diese Nomen zusammengesetzt? Schreibe die Wörter mit ihrem Artikel auf.

das Tischbein

▶ _____ + ▶ _____

die Stuhllehne

▶ _____ + ▶ _____

das Bücherregal

▶ _____ + ▶ _____

das Bilderbuch

▶ _____ + ▶ _____

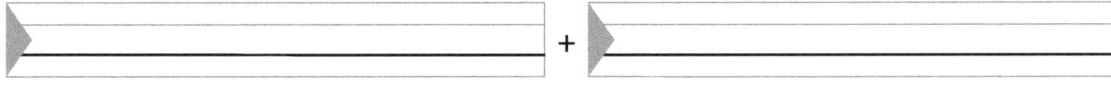

 kann ich gut lösen   kann ich nur zum Teil lösen    kann ich gar nicht lösen

Wie ist mein
Ergebnis?

☺ ☺ ☹ **3** Unterstreiche alle Verben.

Lena, Thomas und Robin spielen zusammen am Strand.
Sie bauen eine Sandburg. Lena schaufelt den Sand
zu einem Berg, Thomas formt die Mauern und Türme
und Robin sucht Muscheln für die Verzierung.

☺ ☺ ☹ **4** Schreibe die Wörter mit ihrem Artikel in der Mehrzahl auf.

das Tal — *die*

die Blume —

das Haus —

der Tisch —

der Computer —

☺ ☺ ☹ **5** Wie schreibst du diese Wörter richtig?
Klein oder groß? Kreuze an.

	klein	groß		klein	groß
NEU	☐	☐	ROLLER	☐	☐
SONNE	☐	☐	KALT	☐	☐

☺ kann ich gut lösen   ☺ kann ich nur zum Teil lösen   ☹ kann ich gar nicht lösen

Name: Datum:

Wie ist mein
Ergebnis?

6   Welche Wörter gehören zur gleichen Wortfamilie?
Verbinde sie mit einer Linie.

träumen ■

lenken ■   ■ Lenkrad

Gelenk ■   ■ Traum

■
verträumt

7   Setze die Silbenbögen unter die Wörter.

Käse,   helfen,   Wiese,   einkaufen,

Donnerstag,   Klettergerüst,   wenig

8   Suche passende Wortbausteine zu dem Verb **schreiben**
und ergänze die Sätze.

ver-   ab   über   be-   hoch   auf   schreiben

Der Arzt muss das Medikament _____.

Jutta will das Wort von der Tafel _____.

Max soll einen Text _____.

Der Zeuge soll den Dieb _____.

Gut gemacht! Jetzt hast du alles geschafft!

☺ kann ich gut lösen   ☺ kann ich nur zum Teil lösen   ☹ kann ich gar nicht lösen

1 Welcher Oberbegriff passt? Schreibe ihn neben die Wörter.

Tiere	Fahrzeuge	Backwaren	Süßigkeiten	Getränke

das Wasser
die Limonade
der Tee

die Giraffe
das Krokodil
die Ente

die Kekse
der Kuchen
die Plätzchen

die Bonbons
der Lutscher
die Schokolade

das Auto
das Motorrad
der Bus

2 Verlängere die Wörter und setze den richtigen Buchstaben ein.

d oder t?

Lie___   Kin___   Hef___   Han___

Lieder

b oder p?

Sie___   Kor___   Die___   Sta___

g oder k?

Ban___   Zu___   Schran___   Kru___

☺ kann ich gut lösen   😐 kann ich nur zum Teil lösen   ☹ kann ich gar nicht lösen

Wie ist mein
Ergebnis?

☺ 😐 ☹

3 Bilde aus jeweils zwei Nomen ein zusammengesetztes Nomen.
Schreibe es mit seinem Artikel auf.

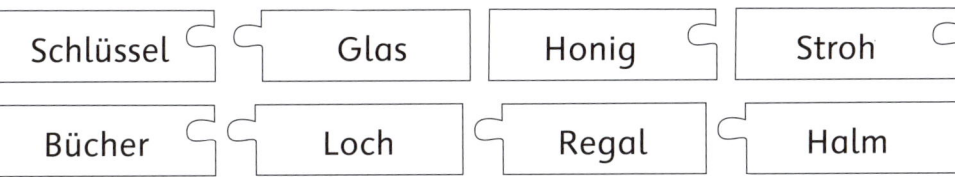

Schlüssel · Glas · Honig · Stroh

Bücher · Loch · Regal · Halm

---

4 Setze nach jedem Satz das passende Satzschlusszeichen.

☺ 😐 ☹

Das Essen ist fertig __   Schmeckt es dir __   Es ist sehr lecker __

5 Welches Verb steckt in den unterstrichenen Wörtern?
Schreibe es auf.

☺ 😐 ☹

Der Fahrradfahrer fährt
mit dem Fahrrad auf der Fahrbahn.

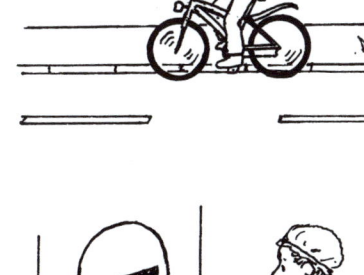

Die Bäckerin bäckt
das Brot im Backofen.

☺ kann ich gut lösen   😐 kann ich nur zum Teil lösen   ☹ kann ich gar nicht lösen

Name: Datum:

Wie ist mein
Ergebnis?

☺ ☺ ☹

6 Unterstreiche alle Adjektive.

| lesen | putzen | spannend | sauber | spielen |
| schlafen | langweilig | müde | freuen | schön |

☺ ☺ ☹

7 Verbinde die gebeugte Form (Personalform)
mit der passenden Grundform.

du sprichst ■   ■ lesen

es klingt ■   ■ rennen

sie liest ■   ■ laufen

er läuft ■   ■ klingen

ich renne ■   ■ sprechen

☺ ☺ ☹

8 Ergänze die Tabelle.

Verb	Nomen
spielen	*das Spiel*
	die Rede
kochen	
tanzen	
	der Reiter
heizen	

Gut gemacht! Jetzt hast du alles geschafft!

 ☺ kann ich gut lösen    ☺ kann ich nur zum Teil lösen   ☹ kann ich gar nicht lösen

Auswertungsbogen Lernstandserhebungen Deutsch   Sprache, Klasse 2

Name: _____   Klasse: _____

Lernstandserhebung 1

durchgeführt am _____

Aufgabe	Niveau	Fähigkeiten, Fertigkeiten und Kenntnisse	Lösungen	Beobachtungen und Notizen
1	1	• Kenntnis des Alphabets	I, J, K, L,M, N, O, P, Q, R, S, T, U, V, W, X, Y, Z	
2	1	• Selbstlaute kennen	A, E, I, O, U	
3 bis 5	1, 2	• Wortarten Nomen, Verb, Adjektiv kennen, bestimmen und unterscheiden	3 Nomen: Tasche 4 Verb: hören 5 Adjektiv: schwer	
6	2	• Bedeutungsverwandtschaft von Wörtern erkennen • Wortfelder kennenlernen	stehen schreiben bauen	
7	2	• Möglichkeiten der Wortbildung kennen • Wörter durch Ableiten bilden • Verben zu Konkreta (Nomen) benennen	arbeiten bremsen baggern baden	
8	1	• Wörter erkennen • Wortgrenzen bestimmen	Schnee, Vogel, Buch	
9	2, 3	• Wortbedeutungen kennen und herleiten • Gegensatzpaare bilden	leicht böse, schlecht rechts dunkel leise	
10	1	• Geschlecht des Nomens kennen und Artikel zuordnen	der, das, die die, das, der	
11	2, 3	• Sätze als Sinneinheit erkennen und abgrenzen • Satzzeichen (Punkt) setzen • sinnvolle Sätze bilden • Großschreibung am Satzanfang kennen	Es ist Herbst. Ein kalter Wind fegt über Wiesen und Felder. Anja und Tim lassen ihre Drachen steigen. Sie haben schon Handschuhe an und Mützen auf. Bald fällt der erste Schnee.	

Niveaustufen: **1** = „Reproduzieren" → erfordert grundlegende Fähigkeiten   **2** = „Zusammenhänge herstellen" → erfordert erweiterte Fähigkeiten   **3** = „Verallgemeinern, reflektieren und beurteilen" → erfordert fortgeschrittene Fähigkeiten

Auswertungsbogen Lernstandserhebungen Deutsch   Sprache, Klasse 2

Name: _____   Klasse: _____

durchgeführt am _____

Lernstandserhebung 2

Aufgabe	Niveau	Fähigkeiten, Fertigkeiten und Kenntnisse	Lösungen	Beobachtungen und Notizen
1	1	• Kenntnis des Alphabets • Wörter nach dem Alphabet sortieren	Bär, Hund, Löwe, Nilpferd, Pinguin, Tiger, Zebra	
2	2	• Komposita in Bestandteile zerlegen • Wortgrenzen bestimmen • Möglichkeiten der Wortbildung kennen • Wortbedeutungen analysieren • Großschreibung von Nomen	der Tisch + das Bein der Stuhl + die Lehne die Bücher + das Regal die Bilder + das Buch	
3	2	• Wortart Verb in Grundform und in gebeugter Form (Personalform) erkennen	spielen, bauen, schaufelt, formt, sucht	
4	2, 3	• Möglichkeiten und Unterschiede der Pluralbildung kennen und anwenden • Stammumlautung (a → ä, au → äu) bei Pluralbildung von Nomen	die Täler, die Blumen, die Häuser, die Tische, die Computer	
5	2	• Wortarten Nomen, Verb, Adjektiv kennen, bestimmen und unterscheiden • Groß-/Kleinschreibung herleiten	klein *(neu)*, groß *(Sonne)*, groß *(Roller)*, klein *(kalt)*	
6	2, 3	• Wortfamilien bestimmen • Stammmorphem bestimmen	lenken – Lenkrad – Gelenk träumen – Traum – verträumt	

Niveaustufen: 1 = „Reproduzieren" → erfordert grundlegende Fähigkeiten   2 = „Zusammenhänge herstellen" → erfordert erweiterte Fähigkeiten   3 = „Verallgemeinern, reflektieren und beurteilen" → erfordert fortgeschrittene Fähigkeiten

Auswertungsbogen Lernstandserhebungen Deutsch Sprache, Klasse 2

Name: _____ Klasse: _____

Lernstandserhebung 2

durchgeführt am _____

Aufgabe	Niveau	Fähigkeiten, Fertigkeiten und Kenntnisse	Lösungen	Beobachtungen und Notizen
7	1	• Wörter strukturieren • Kenntnis des Begriffs Silbe	helfen, Wiese, einkaufen, Donnerstag, Klettergerüst, wenig	
8	2, 3	• aus Vorsilben und Verb sinnvolle Verben bilden • erkennen, wie Vorsilben die Wortbedeutung verändern • passende Verben finden	verschreiben abschreiben aufschreiben, abschreiben beschreiben	

Lernstandserhebung 3

durchgeführt am _____

Aufgabe	Niveau	Fähigkeiten, Fertigkeiten und Kenntnisse	Lösungen	Beobachtungen und Notizen
1	2, 3	• Wortfelder bestimmen • Bedeutungsbeziehungen erkennen • Oberbegriffe zuordnen	Getränke, Tiere, Backwaren, Süßigkeiten, Fahrzeuge	
2	2	• Bedeutung der Wörter erkennen • Auslautschreibung durch Verlängern ermitteln • Möglichkeiten und Unterschiede der Pluralbildung kennen und anwenden • Stammumlautung (a → ä, au → äu) bei Pluralbildung von Nomen	Lieder – Lied, Kinder – Kind, Hefte – Heft, Hände – Hand Siebe – Sieb, Körbe – Korb, Diebe – Dieb, Stäbe – Stab Bänke – Bank, Züge – Zug, Schränke – Schrank, Krüge – Krug	

Niveaustufen: 1 = „Reproduzieren" → erfordert grundlegende Fähigkeiten 2 = „Zusammenhänge herstellen" → erfordert erweiterte Fähigkeiten 3 = „Verallgemeinern, reflektieren und beurteilen" → erfordert fortgeschrittene Fähigkeiten

Auswertungsbogen Lernstandserhebungen Deutsch   Sprache, Klasse 2

Name: _____   Klasse: _____

durchgeführt am _____

Lernstandserhebung 3

Aufgabe	Niveau	Fähigkeiten, Fertigkeiten und Kenntnisse	Lösungen	Beobachtungen und Notizen
3	2, 3	• Wortbildungsprozesse kennen • Wortbedeutungen analysieren • Großschreibung von Nomen • bestimmter Artikel	das Schlüsselloch, das Honigglas, das Bücherregal, der Strohhalm	
4	2	• Satzarten kennen • Satzschlusszeichen setzen	Das Essen ist fertig. Schmeckt es dir? Es ist sehr lecker!	
5	2, 3	• Wortfamilien erkennen • Stammmorphem bestimmen	fahren backen	
6	2	• Adjektive erkennen • Adjektive von Verben unterscheiden	spannend, sauber langweilig, müde, schön	
7	1, 2	• Verben in der gebeugten Form (Personalform) erkennen • Grundform von Verben herleiten	du sprichst – sprechen, es klingt – klingen, sie liest – lesen, er läuft – laufen, ich renne - rennen	
8	2	• Möglichkeiten der Wortbildung kennen (Ableitung) • Verben und Geschehen (Nomen) benennen	reden – die Rede kochen – der Koch / die Köchin tanzen – der Tanz / der Tänzer / die Tänzerin reiten – der Reiter heizen – die Heizung	

Niveaustufen: 1 = „Reproduzieren" → erfordert grundlegende Fähigkeiten   2 = „Zusammenhänge herstellen" → erfordert erweiterte Fähigkeiten   3 = „Verallgemeinern, reflektieren und beurteilen" → erfordert fortgeschrittene Fähigkeiten

Märchen-Steckbriefe

1 Um welche Märchenfigur geht es hier?

Name:

Aussehen: weiß wie Schnee, rot wie Blut,
schwarz wie Ebenholz

Wohnort: Haus hinter den sieben Bergen

Beruf: Prinzessin

Besonderheit: die Schönste im ganzen Land

2 Wähle eine Märchenfigur aus und schreibe einen Steckbrief!

Name:

Aussehen:

Wohnort:

Beruf:

Besonderheit:

⭐ Welches ist dein Lieblingsmärchen? Begründe!

Aufforderungen

1 Was befiehlt der Wolf dem Rotkäppchen? Ergänze!

Tritt …

Mach …

Komm …

Gib …

▸ _____ die Tür zu

▸ _____ herein, liebes Kind

▸ _____ näher an mein Bett

▸ _____ mir den Korb

2 Wozu fordert die Mutter Rotkäppchen auf?
Schreibe Aufforderungssätze!

> Beginne
> mit dem Tätigkeitswort
> (Verb)!

Großmutter
besuchen ▸ _Besuch_ _____

ihr Kuchen und
Wein bringen ▸ _____

nicht mit Fremden
sprechen ▸ _____

3 Kennst du dich bei den Märchen aus? Schreibe die Sätze vollständig!

schütteln • helfen • trinken • nehmen • gehen

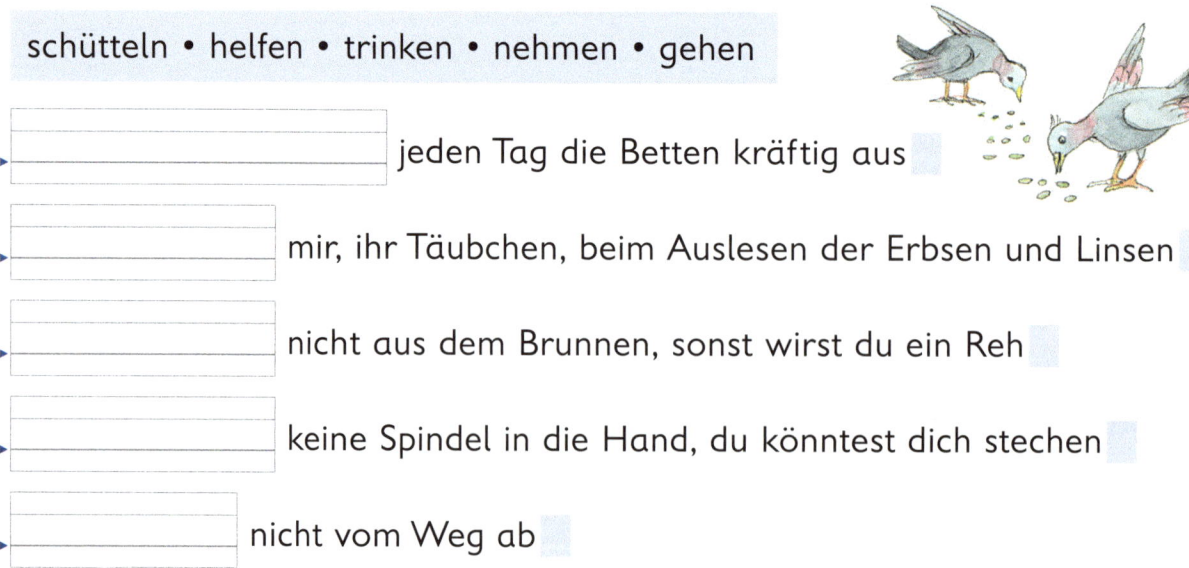

▸ _____ jeden Tag die Betten kräftig aus

▸ _____ mir, ihr Täubchen, beim Auslesen der Erbsen und Linsen

▸ _____ nicht aus dem Brunnen, sonst wirst du ein Reh

▸ _____ keine Spindel in die Hand, du könntest dich stechen

▸ _____ nicht vom Weg ab

★ Welche Ratschläge würdest du dem Wolf geben?

Wörter mit d und t am Wortende

1 Wie werden die Wörter geschrieben: **d** oder **t**?
Kontrolliere mit dem Wörterbuch!

So kannst du
Wörter verlängern!

die Hand –
die Hände

Wort	verlängertes Wort
das Bild	*die Bilder*

2 Ergänze ein passendes Eigenschaftswort (Adjektiv)!

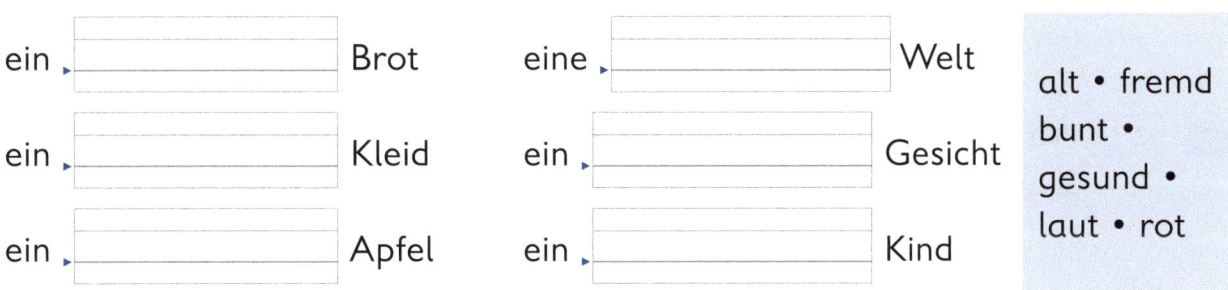

ein _____ Brot   eine _____ Welt

ein _____ Kleid   ein _____ Gesicht

ein _____ Apfel   ein _____ Kind

alt • fremd
bunt •
gesund •
laut • rot

3 Setze **d** oder **t** ein!

Der Rat des Königs

Prinz Willibald wollte nicht heiraten. Nach langer **Zei**___ strich sich

der **al**___ e König seinen **ro**___ **en Bar**___ und sprach weise: „Lieber Sohn,

ich vererbe dir das **Lan**___ , wenn du die **frem**___ e Prinzessin aus dem

Königreich hinter dem dunklen **Wal**___ zur **Brau**___ nimmst. Sie hat viel

Gel___ , wohnt in einem Palast und wünscht sich ein **Kin**___ . Oft geht sie

in einem **bun**___ **en Klei**___ mit ihrem kleinen **Hun**___ spazieren. Bitte sie

um ihre **Han**___ !"

 Finde Tiere, die mit **d** oder **t** am Wortende geschrieben werden!
das Pferd, ...

Bist du fit?

Kindergeburtstag

In dieser Woche *feiert* die Familie Annes

Geburtstag. Auf dem Merkzettel _____ alle

wichtigen Dinge. Anne _____ Einladungen für ihre

Freunde. Moritz und Mama _____ Tischschmuck.

Oma _____ Annes Lieblingskuchen.

Papa _____ Saft und Kekse.

stehen
feiern

basteln
schreiben

kaufen
backen

▪ **1** Lies den Text und setze die Tätigkeitswörter (Verben)
in der richtigen gebeugten Form (Personalform) ein!

▪ **2** Wähle ein Tätigkeitswort (Verb) aus der Wortleiste oben!
Schreibe alle gebeugten Formen (Personalformen) auf!

ich _____ , du _____ , er _____

wir _____ , ihr _____ , sie (alle) _____

⁘ **3** Streiche die fünf Wörter mit Fehlern durch! Schreibe die Wörter richtig!

Lukas ~~brinkt~~ Anne an diesem Tak Blumen mit.

bringt

Oma träkt ein Körbchen in der Hant.

_____

Die Kinter toben im Karten.

_____

1 ☺ ☹   **2** ☺ ☹   **3** ☺ ☹

4 Annes Mama bereitet den Kindergeburtstag vor.
Dabei braucht sie Hilfe von Papa, Oma und Felix.
Schreibe Aufforderungssätze!

Saft und Kekse mitbringen

▶ *Bring Saft und Kekse mit!*

für die Freunde Einladungen schreiben

▶

einen leckeren Kuchen backen

▶

den Tisch decken

▶

5 Wie bereitest du deine Geburtstagsfeier vor?
Schreibe Sätze!

Tisch schmücken

Kuchen backen

Saft kaufen

Einladungen schreiben

Spiele überlegen

Preise basteln

…

▶

▶

▶

▶

▶

▶

▶

Im Winter

Wörter zusammensetzen

1 Bilde zusammengesetzte Namenwörter (Nomen)!
Schreibe sie mit dem Begleiter (Artikel) auf!

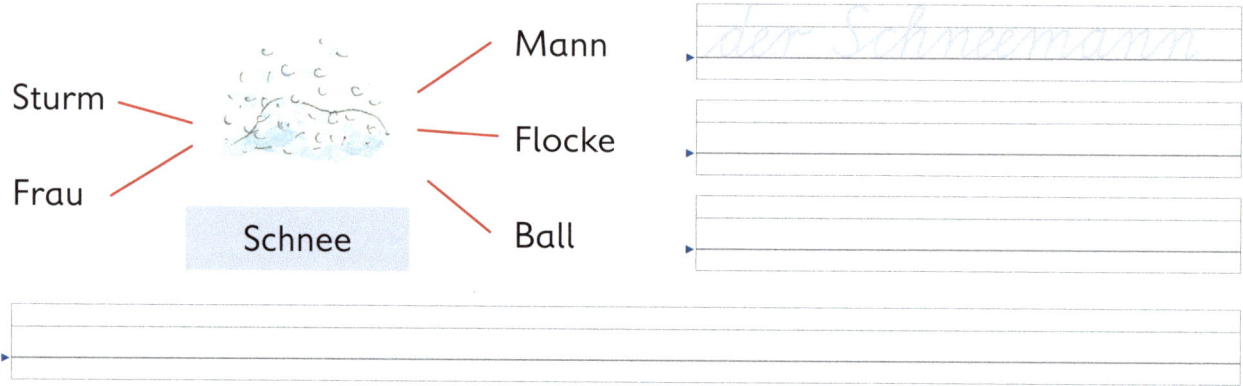

Sturm

Frau

Schnee

Mann

Flocke

Ball

▸ *der Schneemann*

▸ _____

▸ _____

▸ _____

2 Finde in jedem Wort zwei Zusammensetzungen! Schreibe so:

Winterapfeltee   *der Winterapfel, der Apfeltee*

Schneeballspiel   Vogelfutterstelle

▸ _____

▸ _____

3 Setze die Zusammensetzungen richtig ein!

▸ _____ fallen vom Himmel.

Felix baut einen großen ▸ _____ .

„Auf zur ▸ _____ !", ruft Lukas.

Beide werfen ▸ _____ .

Schneemann
Schneeballschlacht
Schneeflocken
Schneebälle

 Gestalte für deine Mitschüler Bilderrätsel! So:

Wortfamilien

1 Welche Wörter gehören zu einer Wortfamilie? Markiere sie!

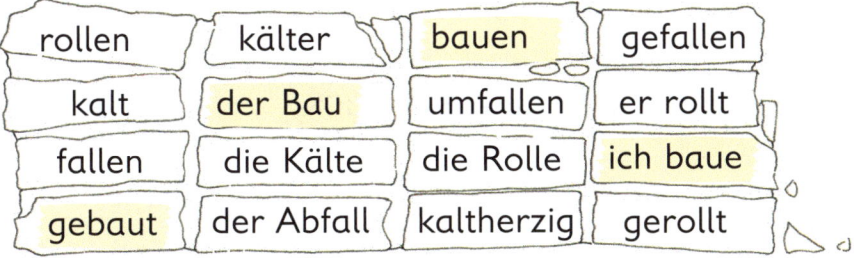

rollen | kälter | bauen | gefallen
kalt | der Bau | umfallen | er rollt
fallen | die Kälte | die Rolle | ich baue
gebaut | der Abfall | kaltherzig | gerollt

2 Schreibe zwei Wortfamilien heraus! Unterstreiche den Wortstamm!

bauen, der Bau, ich baue, gebaut

3 Bilde möglichst viele Wörter mit dem Wortstamm **fahr**!

ge-
vor-   fahr-   -los
be-   Fahr-   -en
ab-   -t
                   -bar

Du kannst damit auch Namenwörter (Nomen) bilden.

⭐ Suche Wörter mit dem gleichen Wortstamm zu **schenken, malen, schmücken**!

Lange und kurze Selbstlaute

1 Sprich die Wortpaare besonders deutlich!
Markiere die Selbstlaute so: lang (_) / kurz (.)!

Ofen   offen

| das Brot • der Topf | die Hütte • die Hüte | der Igel • der Ring |

| das Schiff • schief | schnell • schwer | planen • kalt |

2 Klingt der erste Selbstlaut kurz oder lang? Entscheide:

kurz

der Ball

lang

der Wal

3 Markiere die Selbstlaute so: lang (_) / kurz (.)!
Schreibe die sechs Wörter mit kurzem Selbstlaut heraus!

der Zucker	zählen	der Igel	die Hose	der Rock	ich decke
die Nase	wir backen	der Rücken	malen	die Hecke	der Hase

 Sammle Namen mit kurzem oder langem Selbstlaut!

Verwandte Wörter

1 Verbinde die verwandten Wörter!

alt	er fällt
fallen	er fängt
fangen	älter
der Vater	zählen
die Zahl	die Väter

2 Finde zu den Tätigkeitswörtern (Verben) verwandte Wörter mit **ä**!
Schreibe so:

fahren ▶ *er fährt* ▶ *du fährst*

schlafen ▶ ▶

tragen ▶ ▶

halten ▶ ▶

waschen ▶ ▶

3 Suche die Wörter im Wörterbuch!
Trage **ä** oder **e** richtig ein!

Aufgepasst!
Es gibt auch
Ausnahmen.

das M_dchen	die W_sche	der N_bel	der M_rz
die Schw_ster	die K_lte	die H_nde	der K_fer

 ⭐ Sammle Wörter zur Wortfamilie **tragen**!

Das tut mir gut

Was Freunde machen

1 Unterstreiche alle Wörter mit dem Wortstamm **freund**!
Schreibe sie heraus! Markiere den Wortstamm!

Freunde

In der Klasse 2b sind viele Kinder befreundet. Die meisten Schüler haben einen Freund oder eine Freundin. Freundschaft ist etwas ganz Besonderes, meint unsere Lehrerin. Manchmal gibt es einen Streit, aber schnell sind alle wieder nett und freundlich zueinander.

2 Schreibe zu den Bildern eine kleine Geschichte!

⭐ Stelle Freunde-Regeln auf!

Briefe schreiben

1 Setze den Brief in der richtigen Reihenfolge zusammen!
Schreibe ihn auf!

Liebe Anna, Du hast mir die Aufgaben gebracht. Es grüßt dich
Lukas   ich danke dir für deine Hilfe. Leipzig, 12. März 20 …
Nächste Woche bin ich wieder da.

Ort, Datum: ▸

Anrede ▸

Was Lukas mitteilt: ▸

▸

▸

Grüße: ▸

Unterschrift: ▸

 2 Finde die Fehler in den fünf Wörtern! Schreibe den Brief richtig auf!

Lieber herr Schneider,

wir dangen Ihnen für die

Führung im zoo. Unser

Wandertag war Schön.

Es grüßt die Klase 2b

 ★ Schreibe einen Brief an einen lieben Menschen!

Wörter mit Sp/sp und St/st am Wortanfang

1 Setze die Silben passend zusammen!

| ste | spie | spa | sto | sprin | stel |

| ren | ßen | hen | len | len | gen |

2 Suche Namenwörter (Nomen) mit **Sp/St**!
Schreibe sie geordnet auf!

S	P	O	R	T	A	L	S	T	A	N	G	E	Q
X	Y	S	P	A	Z	I	E	R	G	A	N	G	W
S	T	I	F	T	C	V	S	T	R	A	U	C	H

Sp

St

3 Schreibe zusammengesetzte Namenwörter (Nomen)!

Spiel   Stunde   ? ⟨ Platz / Feld   Deutsch / Musik ⟩ ?

⭐ Bilde Schlangenwörter mit **Sp** oder **St**!
Spiel, Spielzeug, Spielzeugladen, ...

Wörter mit ch und sch

 1 Was siehst du? Sprich die Wörter deutlich! Ordne so:

Wörter mit ch   **Wörter mit sch**

Nimm zur Kontrolle das Wörterbuch!

2 Schreibe Wortgruppen!

grün • leer • lustig
dick • lecker

Mädchen • Frosch • Kuchen
• Buch • Flasche •

ein lustiges Mädchen,

 3 Suche die Wörter im Wörterbuch! Schreibe sie richtig ab!

BUSCH
DICH
GESICHT
WÜNSCHEN

⭐ Schreibe einen lustigen Satz mit **ch**-Wörtern!

Winterurlaub

Felix und Anna sind in diesem Jahr in den Bergen
zum Wintersport. Bei schönem Winterwetter toben
sie im Schnee oder fahren mit ihren schnellen Schlitten
um die Wette. Bei starkem Wind können beide nicht
mit dem Lift fahren. Dann wandern sie durch die weiße Winterlandschaft.
Die nächsten Winterferien wollen Felix und Anna wieder im Schnee
verbringen.

1 Unterstreiche im Text alle zusammengesetzten Namenwörter
(Nomen)!

2 Finde im Text:

zwei Namenwörter
(Nomen):

zwei Tätigkeitswörter
(Verben):

zwei Eigenschaftswörter
(Adjektive):

3 Bilde drei zusammengesetzte Namenwörter (Nomen) mit **Schnee**!

1 ☺ ☻   **2** ☺ ☻   **3** ☺ ☻

4 Ordne nach Wortfamilien! Schreibe weitere Wörter dazu!

> du spielst • gelacht •
> gewünscht • das Lächeln • spielerisch
> er wünscht • lächerlich • der Spieler • wunschlos

spielen	wünschen	lachen
▶	▶	▶
▶	▶	▶
▶	▶	▶
▶	▶	▶

5 Anna schreibt ihrer Freundin Julia einen Brief aus dem Winterurlaub. Schreibe diesen Brief in der richtigen Form!

Im Frühling

Den Frühling entdecken

1 Verbinde!

in den Gärten • viele Tulpen • blühen

auf Ostern • freuen sich • Kinder • alle

ein Nest • die Amsel • für ihre Jungen • bauen

 2 Wähle ein Bild aus Aufgabe 1 aus! Schreibe Sätze dazu!

▶ _____

▶ _____

▶ _____

3 Was weißt du über den Frühling? Kreuze die richtigen Aussagen an!

	richtig	falsch
Die Amseln bauen ihre Nester.		
Frühblüher sind Blumen.		
Im Frühling feiern wir unser Sommerfest.		
Es gibt nur gelbe Tulpen.		
Der Frühling beginnt im Mai.		

 Schreibe alle Frühblüher auf, die du kennst!

Wortbausteine

1 Bilde neue Wörter! Schreibe je drei auf!

| ver | auf | an | mit | zu | aus |

| stellen | | singen | | fliegen |

▶ _____

▶ _____

▶ _____

▶ _____

▶ _____

▶ _____

▶ _____

▶ _____

▶ _____

2 Setze bei dieser Spielanleitung die Wortbausteine passend ein!

| weiter | geben | | los | rennen | | ~~auf~~ | ~~setzen~~ |

| ab | setzen | | herum | rennen | | zurück | laufen | | hin | setzen |

Die ersten beiden Spieler setzen einen Hut ‚*auf* .

Nun rennen sie mit einem Ball um die Wendemarke ‚_____ .

Sie laufen zum Start ‚_____ .

Dort setzen sie den Hut ‚_____ .

Nun geben sie Ball und Hut ‚_____ und setzen sich ‚_____ .

Die nächsten Spieler rennen ‚_____ .

Wenn alle Kinder gelaufen sind, ist das Spiel vorbei.

★ Wähle ein Tätigkeitswort (Verb) aus! Finde passende Wortbausteine!

Wörter mit ng

1 Unterstreiche alle Wörter mit **ng**! Schreibe sie ab!

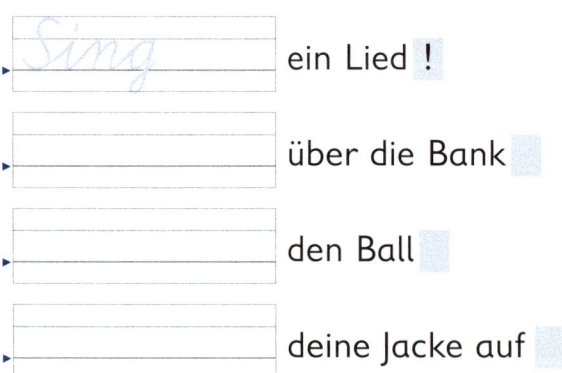

Endlich ist Frühling.

Die warmen Tage fangen wieder an.

Überall singen die Vögel.

Die Kinder treffen sich draußen und bringen Springseile und Bälle mit.

Die Jungen spielen gern Fußball, die Mädchen springen mit dem Seil.

▸ _____

▸ _____

▸ _____

2 Was kann eng sein? Bilde Wortgruppen!

Wiese	Jacke	Hose

eng

Kleid	Käse

▸ *die enge Hose* _____

▸ _____

▸ _____

3 Schreibe Aufforderungssätze!

▸ *Sing* _____ ein Lied **!**

▸ _____ über die Bank

▸ _____ den Ball

▸ _____ deine Jacke auf

singen

springen

fangen

hängen

 Finde so viele Wörter wie möglich zur Wortfamilie **springen**!

Mitlaute nach kurzem Selbstlaut

Ofen   offen

1 Kurz oder lang? Welches Wort passt nicht in die Reihe?
Streiche es durch!

a	Wasser	Ast	~~Hase~~
e	Wetter	Weg	Welt
i	Tiger	Himmel	Licht
o	Roller	Vogel	Rock
u	Buch	Puppe	Wurzel

2 Was folgt nach kurzem Selbstlaut? Ordne die Wörter!

doppelter
Mitlaut:
(fünf Wörter)

▸ _Wasser,_

▸

verschiedene
Mitlaute:
(fünf Wörter)

▸

▸

3 Schreibe Aussagesätze! Unterstreiche den doppelten Mitlaut!

Tom und Felix   schwimmt   hell.

Julia   scheint   Suppe.

Die Sonne   essen   im Wasser.

▸

▸

▸

 Finde Wörter mit **zz**!

Mit Tieren leben

Tierrätsel

1 Welches Tier wird hier gesucht? Schreibe es auf!

| Ich habe zwei Flügelpaare, sechs Beine und einen Stachel. Ich bin ein fleißiger Helfer der Menschen. Ich liefere Honig. | Ich fliege die ganze Nacht umher und suche Beute. Ich kann sehr gut hören und sehen. Ich bin mit dem Uhu verwandt. | Ich bin klein und länglich. Ich fresse den ganzen Tag Blätter. Ich verwandle mich in einen Schmetterling. |

▶ _____ ▶ _____ ▶ _____

2 Wähle ein Tier aus! Schreibe Sätze dazu!

| Mähne und Schweif Möhren und Hafer traben und galoppieren | Gefieder und Schnabel schwimmen und tauchen Schwimmhäute an den Füßen |

▶ _____

▶ _____

▶ _____

3 Suche dir ein Tier aus und male es! Schreibe Sätze dazu!

▶ _____

▶ _____

▶ _____

★ Welches Tier wünschst du dir? Schreibe auf, warum!

Die kleinen Ziegen

1 Verbinde das Bild mit dem passenden Satz!

Es kommt eine kleine, schwarze Ziege hinzu.

1

3

Plötzlich stellt sich ein großer Ziegenbock in den Weg.

Eine kleine Ziege steht auf der Weide.

2

4

Beide Ziegen fressen frisches, grünes Gras.

2 Ordne die Sätze! So geht die Geschichte weiter:

meckern laut   erschrecken und   die Zicklein

der Ziegenbock   auf beide zu   springt

▸ _____

▸ _____

▸ _____

3 Wie geht die Geschichte aus? Male und schreibe es auf!

▸ _____

▸ _____

▸ _____

⭐ Welche Tiere haben Hörner? Schreibe sie auf!

Wörter mit tz

1 Hier fehlen die Satzschlusszeichen. Trenne die Sätze durch Striche!
Schreibe dann jeden Satz in eine neue Zeile!

Katze Petzi hat vier weiße Pfoten am liebsten

putzt sie ihr Fell im Zoo

wohnt Tiger Tomak er sitzt oft

am Wasser

▸ _____
_____

▸ _____

▸ _____

▸ _____

2 Schreibe die Wörter mit **tz** heraus! Markiere den kurzen Selbstlaut!

▸ _____
_____

3 Setze die Tätigkeitswörter (Verben) richtig in die Sätze ein!

sit

krat

schwit — zen

put

schüt

Katzen ▸ _____ ihr Fell.

Katze Petzi kann am Fenster ▸ _____ .

Tiger muss man ▸ _____ .

Katzen ▸ _____ in der Hitze.

Katzen ▸ _____ oft an Bäumen.

★ Finde Reimwörter mit **tz**!

Wörter mit doppelten Mitlauten

1 Setze **ll** oder **ss** ein! Schreibe dann Wortgruppen!

na___   schne___   sti___   dro_ig

Hase • ein • schne_	▸ *ein schneller Hase*
sti_ • Mäuschen • ein	▸
Hund • ein • na_	▸
eine • dro_ig • Katze	▸

2 Was können die Tiere wirklich? Schreibe es in Sätzen auf!

Affen schnattern	▸ *Affen können klettern.*
Hunde krabbeln	▸
Katzen bellen	▸
Enten klettern	▸
Käfer schnurren	▸

3 Wie heißen die Wörter richtig?
Schreibe sie mit dem Begleiter (Artikel) auf!

Bellä   Peppu   Blettär   Senno   Tessa

▸

▸

 Erfinde lustige Tiernamen!   *Hemmul, Gariffe, ...*

Bist du fit?

Katze Petzi

Felix besucht seinen Freund _____ .

Er hat eine schwarze _____ . Sie _____

auf ihrem _____ und _____ sich ihr Fell.

Neugierig beobachtet sie draußen eine Amsel im Baum.

Mit einem _____ springt sie _____

auf das Fensterbrett.

1 Setze die folgenden Wörter richtig ein:

Katze • Moritz • Platz • sitzt • Satz • putzt • plötzlich

2 Trenne die Sätze durch Striche! Schreibe sie mit Satzschlusszeichen auf!

Im Frühling scheint die Sonne hell die Katze sitzt still am Teich die Fische schwimmen schnell davon

Im Frühling _____

_____

_____

_____

3 Schreibe die Wörter mit doppeltem Mitlaut heraus!
Markiere den kurzen Selbstlaut!

_____

_____

1 ☺ 😐   **2** ☺ 😐   **3** ☺ 😐

4 Verändere die Tätigkeitswörter (Verben) mit den Wortbausteinen!

	an	**ver**
fangen		
springen		
bringen		
singen		

49

5 Schreibe eine Geschichte zu den Bildern!

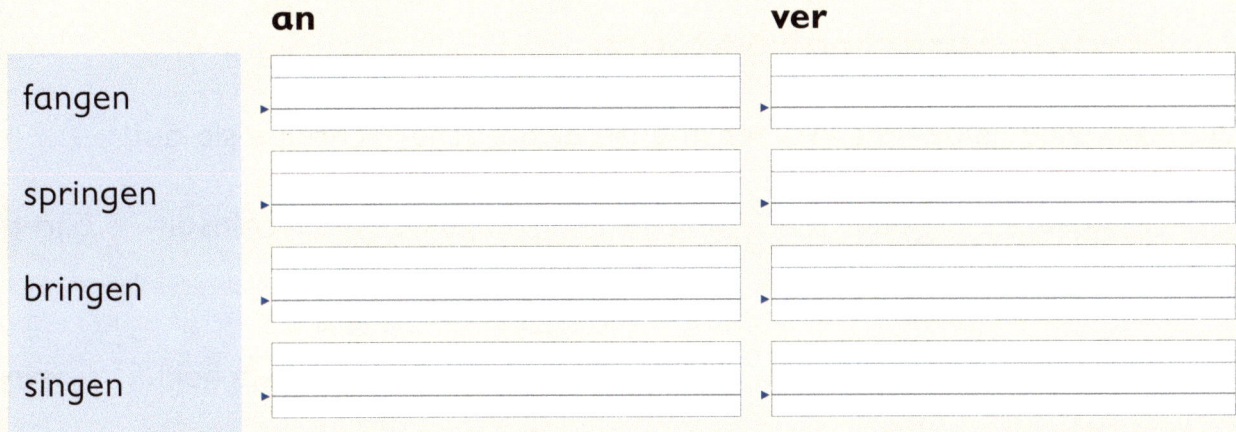

Bei uns und anderswo

Fremde Sprachen verstehen

1 Wie heißen die Wörter in unserer Sprache? Schreibe sie auf!

escuela	okul	niños	çocuklar	profesor	öğretmen
school	шко́ла	children	де́ти	teacher	учи́тепь

lapiceros	kalemler	libros	kitaplar	tijeras	makas
pens	каранда́ши	books	кни́ги	scissors	но́жницы

2 Setze die fehlenden Wörter ein!

Anna erzählt: Ich gehe in eine große ▶ _____.

In meiner Klasse lernen 23 ▶ _____.

Mein _____ ▶ _____ ist sehr nett.

Ich habe auch Hefte und ▶ _____.

Viele ▶ _____ und eine ▶ _____

stecken in meiner Federtasche.

⭐ Wie heißen **Füller** oder **Stundenplan** in anderen Sprachen?
Gestalte ein Plakat!

Die Grundschule in Japan

1 Lies den Text! Beantworte die Fragen!

Akemi aus Japan erzählt:

Ich bin mit sechs Jahren in die Schule gekommen. In der Schule trage ich

eine blaue Schuluniform. Fast jeden Tag habe ich Japanisch und Mathematik.

Ich lerne auch schon Englisch. Ein Schuljahr beginnt immer am 1. April.

Im Sommer haben wir sechs Wochen Ferien.

Welche Farbe hat Akemis Schuluniform?

▶ _____

Welche fremde Sprache lernt Akemi?

▶ _____

2 Schreibe die Informationen aus dem Text heraus!

Name: ▶ _____

Land: ▶ _____

Sprache: ▶ _____

Fremdsprache: ▶ _____

das Schuljahr beginnt: ▶ _____

Besonderheiten: ▶ _____

▶ _____

  In welchen Ländern tragen Kinder eine Schuluniform?
Schreibe eine Liste!

Wörter mit s

1 Ordne die Wörter nach den Begleitern (Artikeln)! Markiere **s**!

Gras · Hals · Hose · Nase · Wiese · Haus · Gemüse
Hase · Reise · Riese · Gesicht · Dienstag

der	**die**	**das**
▶	▶	▶
▶	▶	▶
▶	▶	▶
▶	▶	▶

2 Schreibe die Wortgruppe in der Einzahl!

die Hasen hüpfen   der ▶ _____ hüpft

die Gräser wachsen   das ▶ _____ wächst

die Riesen niesen   der ▶ _____ niest

die Nasen tropfen   die ▶ _____ tropft

3 Schreibe den Reim richtig!

Da ist ein kleiner Hase Hose .

▶ _____

Er frisst und sitzt im Grase Vase .

▶ _____

⭐ Finde Reimwörter zu **Hase** und **Hose**!

Wörter mit au und äu

1 Bilde zusammengesetzte Namenwörter (Nomen)!

	Baum	Bäume
Apfel	▸ *der Apfelbaum*	▸ *die*
Laub	▸ *der*	▸ *die*
Nadel	▸	▸
Obst	▸	▸

2 Markiere die beiden Wortfamilien!
Schreibe eine der Wortfamilien heraus!

laufen		du läufst		der Traum		die Träume

träumen		der Wettlauf		du träumst		der Läufer

▸

▸

▸

3 Setze **eu** oder **äu** ein!

die H⬚ser   die B⬚che   die Fr⬚nde

die Str⬚cher   die B⬚len   die M⬚se

2 x eu,
4 x äu

 Finde Tiere mit **au** und **äu**!

In der Bibliothek

Bücher entdecken

1 Was suchen sich die Kinder aus? Schreibe es auf!

Hör	spiel	▸ *ein*
buch	Mär	chen	▸ *ein*
sel	heft	Rät	▸ *ein*
Le	xi	kon	▸ *ein*
Kin	zeit	der	schrift	▸ *eine*

2 Hier stimmt etwas nicht! Schreibe die Sätze richtig auf!

| Im Kochbuch stehen Lieder. | Im Liederbuch stehen Rezepte. |

▸

▸

| Im Bastelbuch stehen Märchen. | Im Märchenbuch stehen Bastelideen. |

▸

▸

3 Schreibe alle Zusammensetzungen mit **Buch** aus Aufgabe 2 heraus!

▸

▸

⭐ Was kannst du in deiner Bibliothek ausleihen? Schreibe es auf!

Lesezeit

1 Suche das passende Tätigkeitswort (Verb)!

In Malbüchern kann man _____ .

In Lesebüchern kann man _____ .

In Rätselbüchern kann man _____ .

lernen
rätseln
schreiben
lesen
malen

2 Bilde Tätigkeitswörter (Verben)!

Eins passt nicht …

| vor | ge | ver | lesen | ab | mit | durch | weg |

_____
_____

3 Trage das Tätigkeitswort (Verb) in der richtigen Form ein!

Tom _____ heute aus seinem Lieblingsbuch vor . vor lesen

Wir _____ gespannt zu . zu hören

Boris _____ einige Wörter ab . ab schreiben

Lina und Erkan _____ das Bild aus . aus malen

Julia _____ ein Buch aus der Lesekiste aus . aus wählen

Sie _____ es mit nach Hause. mit nehmen

Am Freitag _____ Julia es in der Klasse vor . vor stellen

★ Welche Bücher gefallen dir?

Wörter mit t

1 Was hörst du im verlängerten Wort? Trage es ein!

der wei t e Weg – wei t der run e Tisch – run

das kal e Wasser – kal das ro e Auto – ro

die lau e Musik – lau die bun en Bilder – bun

2 Ordne die Wörter nach Wortarten!

ELTERN • LEICHT • HÄLT • ARBEITET • MINUTE
COMPUTER • KALT • WARTET • BUNT

Namenwort (Nomen)	Tätigkeitswort (Verb)	Eigenschaftswort (Adjektiv)
▶	▶ _er_	▶
▶	▶ _er_	▶
▶	▶ _er_	▶

3 Setze das Tätigkeitswort (Verb) in der richtigen Form ein!

Lesezeit

sitzen

suchen

malen

lesen

hören

Lukas ▸_____ ein interessantes Buch über Tiere.

Tom ▸_____ gemütlich in der Leseecke und ▸_____.

Julia ▸_____ ein Bild zur Geschichte.

Anna ▸_____ gespannt ein neues Hörbuch.

 Finde viele Vornamen mit **T/t**!

Wörter mit ß

Frucht • Baum
Papier • ~~Suppe~~
Sommer • Haus
Hose • Eis

1 Welche Dinge sind heiß, süß, weiß oder groß?
Schreibe je zwei Wortgruppen!

heiß

▸ *die heiße Suppe*

▸

süß

▸

▸

groß

▸

▸

weiß

▸

▸

2 Die Zusammensetzungen sind durcheinandergeraten.
Schreibe sie auf!

| Fußbahn | Straßenball | Blumenvogel | Spaßstrauß |

▸ *der Fußball,*

▸

3 Kurzer oder langer Selbstlaut?
Setze **ss** oder **ß** ein!

ß steht nur nach langem Selbstlaut oder Zwielaut.

der Fu☐☐   sie mü☐en   das Wa☐er

gro☐   wir e☐en   wei☐   wir hei☐en

flü☐ig   die Kla☐e   hei☐

⭐ Gestalte Bilderrätsel mit **ß**-Wörtern! 🌼 + 🦩

Bist du fit?

Unsere neue Schulbibliothek

Seit einer Woche ist unsere neue Schulbibliothek offen. Jetzt gibt es viel Platz für alle.

Es macht noch mehr Spaß, Bücher, Zeitschriften, Spiele oder CDs auszuleihen.

Die Bibliothek hat von Montag bis Donnerstag geöffnet.

Einige Schüler der dritten und vierten Klassen dürfen dort helfen.

Jeden Freitag liest uns ein Lehrer vor.

1 Beantworte die Fragen!

Seit wann ist die neue Bibliothek geöffnet?

Kannst du dir am Freitag Bücher ausleihen?

2 Stelle passende Fragen zu den Antworten!

Frage:

Antwort: Es gibt Bücher, Zeitschriften, Spiele oder CDs auszuleihen.

Frage:

Antwort: Schüler aus der dritten und vierten Klasse dürfen helfen.

Frage:

Antwort: Die Bibliothek hat von Montag bis Donnerstag geöffnet.

1 ☺ ☐ 2 ☺ ☐

3 Bilde Zusammensetzungen!
Schreibe sie mit dem Begleiter (Artikel) auf!

Tier

Wörter

Bilder

Märchen

Lieder

▶
▶
▶
▶
▶

4 Schreibe die Informationen aus dem Text heraus!

Der Regenwurm
Er lebt unter der Erde.
Besonders gern vergräbt er sich im Kompost.
Die Feinde des Regenwurms sind Amseln und Maulwürfe.
Der Regenwurm mag die Sonne nicht, denn sie trocknet seine Haut aus.
Anders als wir Menschen atmet der Regenwurm nur durch die Haut.

Tier:
▶

Lebensraum:
▶

▶

Feinde:
▶

▶

Besonderheiten:
▶

▶

Unheimliches und Spannendes

Flaschenpost

1 Setze die passenden Eigenschaftswörter (Adjektive) ein!

groß

alt

leer

schnell

dunkel

schön

Wir sind mit unserem _____ Boot

auf einer Insel gestrandet.

Das Boot hat ein _____ Loch im Boden.

Bitte schickt uns _____ Hilfe!

Unsere Trinkflaschen sind fast _____ .

Wir haben noch _____ Wetter.

Der Himmel wird aber schon _____ .

 2 Schreibe die Geschichte zu Ende!

Es fängt an zu regnen und zu blitzen.

Wir haben große Angst.

Plötzlich kommen drei Kinder …

_____

_____

_____

Wir sind gerettet.

⭐ Gestalte eine eigene Flaschenpost!

Wörter mit nk

1 Entschlüssle die Geheimschrift!

A	B	C	D	E	H	I	K	L	N	O	R	S	T	U
1	2	3	4	5	6	7	8	9	10	11	12	13	14	15

2 – 1 – 10 – 8

4 – 15 – 10 – 8 – 5 – 9

14 – 12 – 7 – 10 – 8 – 5 – 10

4 – 5 – 10 – 8 – 5 – 10

13 – 3 – 6 – 9 – 1 – 10 – 8

11 – 10 – 8 – 5 – 9

8 – 12 – 1 – 10 – 8

13 – 3 – 6 – 12 – 1 – 10 – 8

4 – 1 – 10 – 8 – 5 – 10

2 Ordne die Wörter aus Aufgabe 1 nach Wortarten!

Namenwort (Nomen)	Tätigkeitswort (Verb)	Eigenschaftswort (Adjektiv)

3 Schreibe Sätze!

streichen • die Bank • Wir • dunkelgrün

trinken • Wir • Limonade

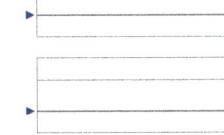 Denke dir eine eigene Geheimschrift mit **nk**-Wörtern aus!

Wörter mit aa, ee, oo

1 Schreibe Wörter mit **aa**, **ee** und **oo** auf!

Z
B
oo — t

Schn
T
S
ee

H — aa — re

der Zoo

2 Setze die Lösungswörter aus Aufgabe 1 richtig ein!

die langen

der tiefe

das alte

der heiße

der große

der weiße

3 Bilde zusammengesetzte Namenwörter (Nomen) mit **Tee**!

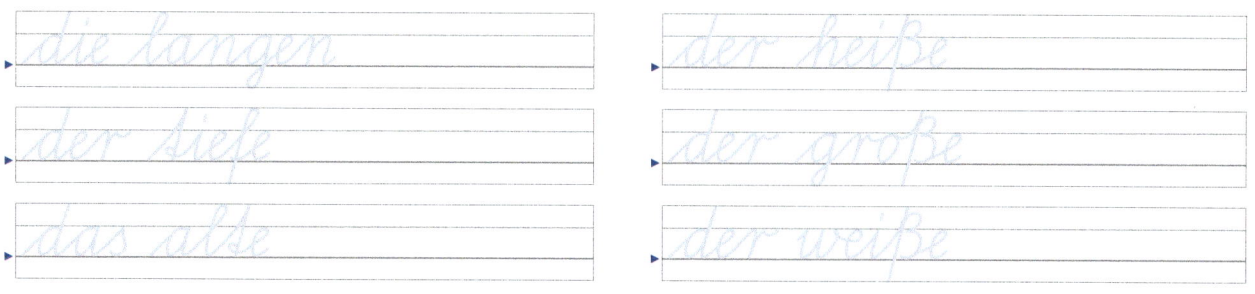

Kanne   Tasse   Löffel   Beutel

⭐ Das Wort **Zoo** ist eine Abkürzung von …

Wörter mit ie

1 Ordne die Tätigkeitswörter (Verben) den Bildern zu. Markiere **ie**!

riechen   fliegen   liegen   spielen   lieben   kriechen

▶ _____   ▶ _____   ▶ _____

▶ _____   ▶ _____   ▶ _____

2 Kurz oder lang? Setze **i** oder **ie** richtig ein!

Der T___ger ist ein gefährliches T___r.

Kleine Sp___nnen krabbeln über die W___se.

Das Pap___r l___gt auf dem T___sch.

Kinder sp___len im Sommer lange draußen.

Bienen fl___gen immer ohne Br___lle.

Sieben Fl___gen s___tzen an der Wand im Z___mmer.

3 Wähle zwei Sätze aus! Schreibe sie ab!

▶ _____

▶ _____

▶ _____

★ Finde Reimwörter mit **ie**!

Im Sommer

Am See

1 Ordne den Bildern die Sätze zu!

1   2   3

bauen • Lisa und Tim • ein Floß aus alten Holzlatten.

Lukas ist • als Seeräuber verkleidet. • zum Neptunfest

baut • am Strand • Tina • eine große Sandburg.

2 Schreibe die Sätze richtig auf!

▶ _____

▶ _____

▶ _____

▶ _____

3 Hier stimmt was nicht! Schreibe richtig!

Brillensonne   ▶ _____

Burgsand   ▶ _____

 Erfinde ein Sommerbilderrätsel!  + ...

Post aus dem Urlaub

1 Schreibe die Anschrift richtig auf die Postkarte!

Schulstraße 12 • Julia Lehmann • 34567 Tälerdorf

2 Nummeriere die richtige Reihenfolge! Schreibe die Karte!

☐ Viele Grüße von Lukas

☐ wir haben ein lustiges Neptunfest gefeiert. Ich war ein Seeräuber. Alle Kinder fanden den Säbel toll.

☐ Liebe Julia,

3 Welche Anschrift ist vollständig? Kreuze an!

Tim	Laura Schwalbe	Anton Schubert
Wiesenweg 6	Nr. 3	Bergstr. 5
04229 Leipzig	99097 Erfurt	10115 Berlin

⭐ Schreibe eine eigene Postkarte!

Wörter mit hl, hm, hn, hr

1 Ordne nach dem Abc!

Sohn • Zahl • Jahr • Uhr • Zahn • Frühling • Verkehr • Ohr

▶ _____

▶ _____

2 Bilde zusammengesetzte Namenwörter (Nomen)!

Zahl ▶ *das Zahlwort*   Arzt

Ohr ▶ _____   Bahn

Zahn ▶ _____   Sohn

Seil ▶ _____   Zeit

Enkel ▶ _____   Ring

Uhr ▶ _____   Wort

3 Bilde mit den Bausteinen neue Tätigkeitswörter (Verben)!

| wohnen | nehmen | zählen | fahren |

auf

be

aus

⭐ Wer findet das längste zusammengesetzte Wort
mit dem Wortstamm **fahr**?

Wochentage, Monate und Jahreszeiten

1   Schreibe heraus!

Montag • Freitag • Herbst • Donnerstag • Sonnabend
Sommer • Winter • Dienstag • Sonntag • Frühling • Mittwoch

An diesen Tagen
gehe ich zur
Schule:

An diesen Tagen
gehe ich **nicht**
zur Schule:

2   Schreibe die übrigen Wörter ab! Wie nennt man diese?

Das sind die vier

3   Setze die Wortgrenzen! Schreibe dann die Monate richtig auf!

JANUAR|FEBRUARMÄRZAPRILMAIJUNIJULIAUGUST

SEPTEMBEROKTOBERNOVEMBERDEZEMBER

 Wie heißen die Jahreszeiten in einer anderen Sprache?

Auf in
Klasse 3!

Bist du fit?

Feste im Schuljahr

Seit [_____] lernen wir in der 2. Klasse.

Wir haben viel erlebt.

Zum Herbstfest im [_____] ließen wir unsere Drachen steigen.

Im [_____] spielten wir ein Weihnachtsmärchen.

Zum Fasching im [_____] verkleideten sich alle als Märchenfiguren.

Im [_____] feierten wir unser Frühlingsfest.

Unsere Klasse gewann beim Sportfest im [_____] den Schulpokal.

Nur noch wenige Schultage sind es bis zum Abschlussfest im [_____].

Wir freuen uns darauf.

1 Setze die fehlenden Wörter ein!

Dezember • März • September • Februar • Oktober • Juni • Mai

2 Welche Monate fehlen? Schreibe sie auf!

[_____]

3 Setze i und ie richtig ein!

D[ ] B[ ]nen fl[ ]gen [ ]m Frühl[ ]ng umher.

V[ ]le K[ ]nder sp[ ]len auf der W[ ]se.

Ein[ ]ge T[ ]re halten [ ]mmer noch [ ]hren W[ ]nterschlaf.

Max r[ ]cht an einer kleinen, gelben Pr[ ]mel.

1 ☺ ☺   **2** ☺ ☺   **3** ☺ ☺

4 Schreibe die Sätze richtig auf!

feiern • auf der großen Wiese • wir • unser Schulfest •
hinter der Turnhalle

eine Tombola • gibt • mit schönen Preisen • es

viele Eltern • an diesem Tag • zu uns • kommen

▶ _____

▶ _____

▶ _____

▶ _____

5 Julia schreibt nach dem Schulfest an Lukas eine Postkarte.
Denke dir einen Text und die Anschrift aus!

Ich übe Schreibschrift

Ich übe Buchstaben

1 Welche Buchstaben kannst du schreiben?
Übertrage sie in Schreibschrift!

A a   B b   C c   D d

E e   F f   G g   H h

I i   J j   K k   L l

M m   N n   O o   P p

Qu qu   R r   S s   T t

U u   V v   W w   X x

Y y   Z z

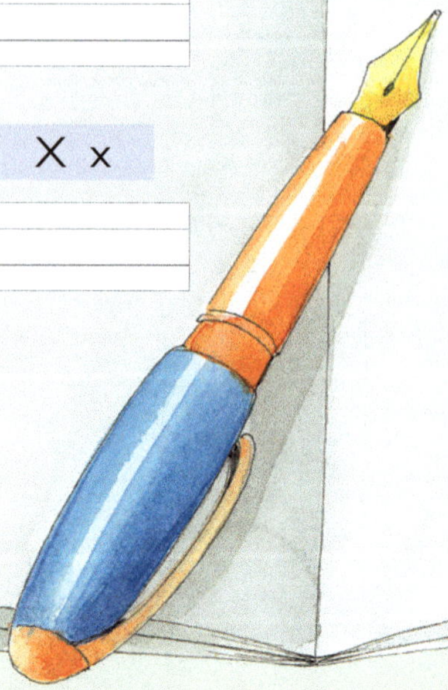

Ich übe Buchstabenverbindungen

1 Schreibe sauber und achte auf die Verbindung!

Ei | *Ga* | *Ki* | *Li* | *Ma* | *Ru* | *Ze* | *Ja*

Lama | *Jaguar* | *Maus*

2 Wie heißen die Tiere? Schreibe sie in einem Zug auf!

SANG • UUH • ELUE

3 **Das kann ich schon!** Übertrage in die Schreibschrift!

Mia leckt Eis.

Leo malt Eulen.

Lina lacht.

Ich übe Buchstabenverbindungen

1 Setze jeweils den zweiten Buchstaben genau auf der Grundlinie an!

So   Ti   Na   Bi   Va   Do

2 Übe sorgfältig!

Qu qu   ß

3 **Das kann ich schon!** Schreibe die Wörter der Wörterschlangen!

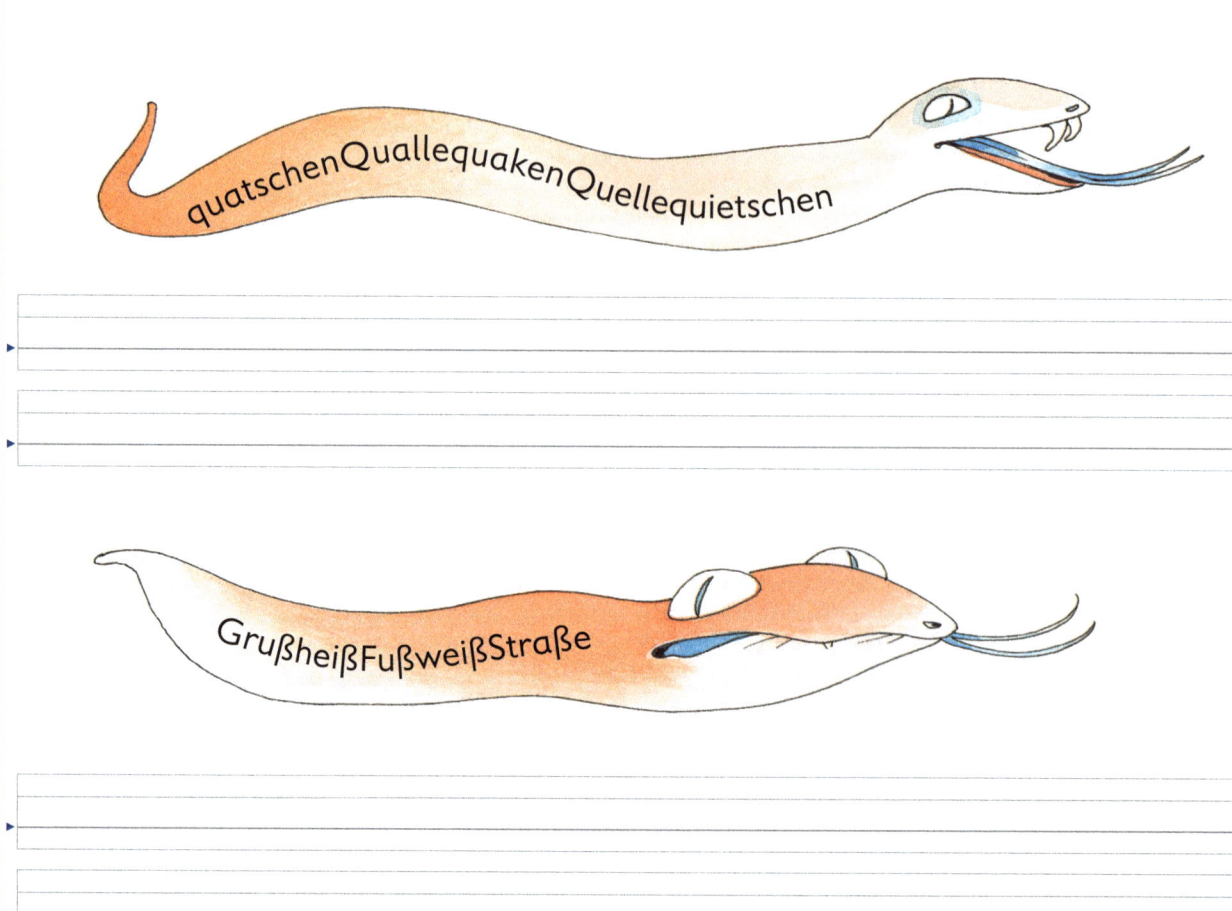

quatschenQuallequakenQuellequietschen

GrußheißFußweißStraße

Ich übe Buchstabenverbindungen

1 Achte beim Schreiben auf die Verbindung!

Af Al As Af Al

Fe Fl Fi

He Hu Ho

2 Übe die Buchstabenverbindungen!

ra rn   *re ru*

bl be   *br ba*

os ot   *om ol*

xn xe   *xi xy*

3 **Das kann ich schon!** Übertrage in die Schreibschrift!

Affe • Fenster • Hose
Finger • Hemd • Ast

rechnen • blühen
rufen • bringen
sollen • hexen

Ich schreibe Buchstaben und Wörter genau

1 Ergänze die Buchstaben im Spruch!

A/ / /   – wenn ich zur Schule geh,

E/ / /   – sind alle Kinder da.

J/ / /   – wir schreiben schon ganz schnell,

M/ / /   – das tut auch keinem weh.

Qu/ / /   – manchmal trinke ich Tee,

U/ / /   – sonst lern ich nix.

Y/   – heute war es wieder nett.

> geh
> Klee
> See
> ...

> nett
> Bett
> fett
> ...

2 Schreibe sorgfältig!

Hexe   Xenia

Teddy   Yak

Zoo   Pizza

3 **Das kann ich schon!** Übertrage in die Schreibschrift!

Die Hexe Trixi zaubert aus ihrem Zaubertopf Zebras und Yaks hervor.

Trixi hext Zauberwörter.

Ich halte Schreibräume ein

1 Schreibe die Wörter ab!
Achtung: Der Platz muss reichen.

Kreide

Tafel

Schwamm

Lappen

Bank

Lineal

Heft

Buch

Füller

Spitzer

2 Unterstreiche alle Gegenstände, die auch in deiner Federmappe sind!

3 Schreibe nun die Sätze ab!

Wer bekommt den ganzen Satz in eine Zeile?

Der Füller steckt in der Federmappe.

Die Bücher liegen unter der Bank.

Ich wische die Tafel mit dem Schwamm ab.

Hast du ein Lineal?

Ich schreibe ein Gedicht ab

Die Schaukel
Wie schön sich zu wiegen,
die Luft zu durchfliegen
am blühenden Baum!
Bald vorwärts nach oben,
bald rückwärts gehoben,
es ist wie im Traum!

Heinrich Seidel

1 Schreibe das Gedicht
in Schreibschrift ab!
Überlege vorher genau,
wie du es anordnest!

2 Gestalte die Seite passend!

Wir legen eine Tabelle an

Wörter mit B	Wörter mit F	← Tabellenkopf

→ Zeile | Spalte

1 Zeichne eine Tabelle mit zwei gleich großen (6 cm) Spalten! Du brauchst acht Zeilen.

2 Ergänze den Tabellenkopf: **Wörter mit B/Wörter mit F**!

3 Ordne die Wörter mit **B** und **F** in die Tabelle ein!

der Ball • der Februar • das Bild • das Fenster • die Blume

der Brief • die Frau • der Fuß • die Frucht • der Bruder

die Freundin • der Finger • das Baby • der Busch

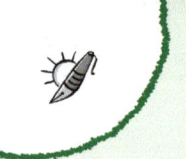

Ich beschrifte etwas

Das Schneeglöckchen

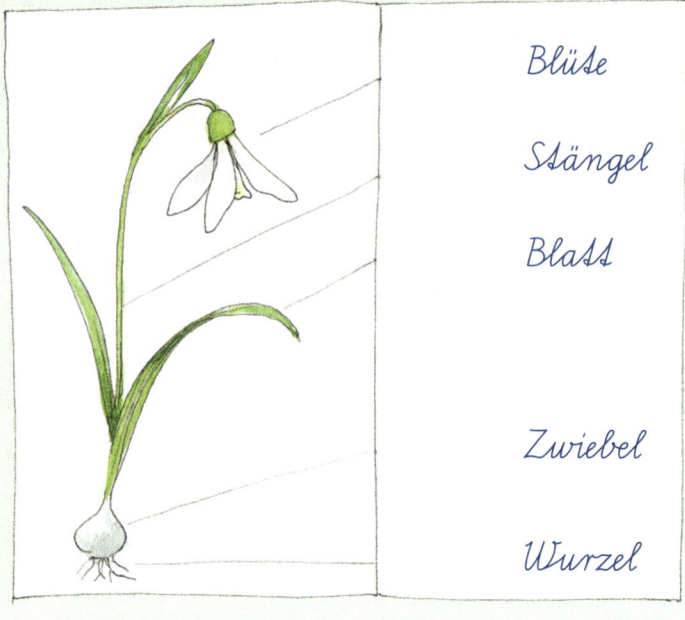

Blüte

Stängel

Blatt

Zwiebel

Wurzel

1 Schau dir genau an, wie man die Teile einer Pflanze beschriftet!

2 Verbinde das Pflanzenteil mit dem passenden Wort!

3 Beschrifte die Teile der Tulpe!

Wurzel

Blatt

Zwiebel

Stängel

Blüte

Das kann ich alles

1 Lies die Zaubersprüche der Hexe Trixi!

Hokus Pokus Hühnerei, die Schreib- schrift zaubere ich herbei!

Ene mene Kuchenschreck, die Schreibschrift her, die Druckschrift weg!

Lirum larum Löffelstiel, die Schreibschrift ist ein Kinderspiel!

2 Zaubere aus Druckschrift die Schreibschrift! Schreibe einen Spruch ab!

▸

▸

▸

Mein Schreibschriftpass

Das bin ich:

Name:

▸

Klasse:

▸

Seite	☺	☺
S.70		
S.71		
S.72		
S.73		
S.74		
S.75		
S.76		
S.77		
S.78		
S.79		

Schreib- schrift- orden

erhalten am:

Lehrerin/Lehrer:

▸

Sprach_freunde_ 2

Arbeitsheft
Ausgabe Nord

Erarbeitet von
Susanne Kelch und Andrea Knöfler

Unter Einbeziehung der Ausgabe von
Susanne Kelch, Andrea Knöfler, Heike Schindler und Heike Wessel

Unter Beratung von
Dagmar Diewald (Rositz), Jenny Glase (Berlin), Kerstin Granz (Biederitz), Matthias Klocke (Berlin), Heike Redel (Berlin), Gisela Schmidt (Halle) und dem Team der Martin-Andersen-Nexö Grundschule (Greifswald)

Redaktion: Christina Nier

Illustration: Barbara Schumann, Uta Bettzieche (Hund und Detektiv)

Umschlaggestaltung: tritopp Berlin; Uta Bettzieche, Barbara Schumann

Layout und technische Umsetzung: tritopp, Berlin

Quellen
S.59: mauritius images/Alamy/Nigel Cattlin
S.76: Seidel, Heinrich: Die Schaukel (gekürzt). Aus: Ernst Bühler/Margit Lobeck (Hrsg.): Wie schön sich zu wiegen. Stuttgart: Freies Geistesleben 1992

www.vwv.de

Alle Drucke dieser Auflage sind inhaltlich unverändert und können im Unterricht nebeneinander verwendet werden.

© 2015 Cornelsen Schulverlage GmbH, Berlin
© 2018 Cornelsen Verlag GmbH, Berlin

1. Auflage, 5. Druck 2020
Arbeitsheft 2, Ausgabe Nord
ISBN 978-3-06-083640-6

1. Auflage, 3. Druck 2020
Arbeitsheft 2, Ausgabe Nord mit CD-ROM
ISBN 978-3-06-083641-3

Druck und Bindung: Livonia Print, Riga

PEFC zertifiziert
Dieses Produkt stammt aus nachhaltig bewirtschafteten Wäldern und kontrollierten Quellen.
www.pefc.de
PEFC/12-31-006